Carte du monde de la Francophonie

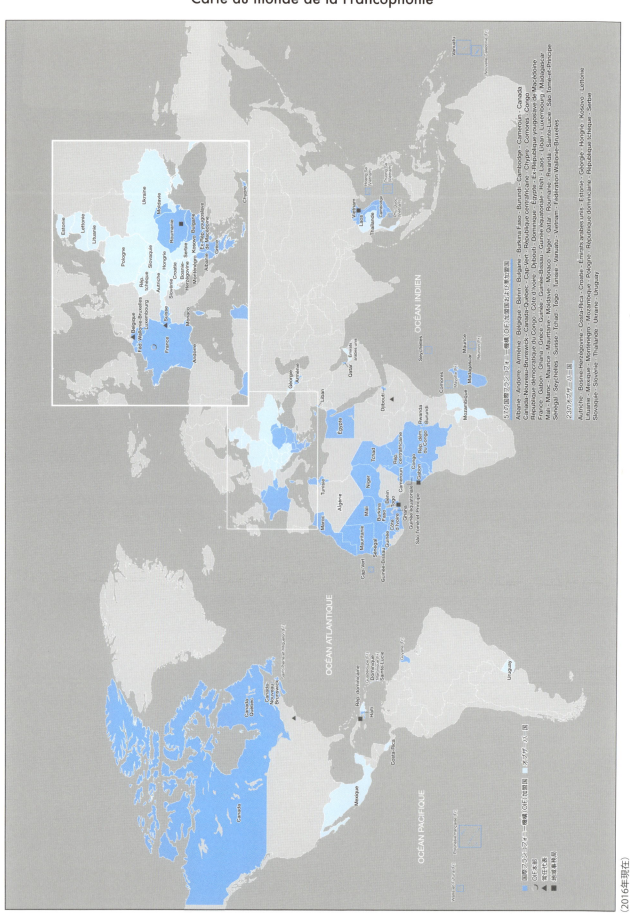

Carte de France

フランスの地域圏（régions）は、2016年1月に22から13に再編されました。またその後、Occitanie、Grand Est、Nouvelle-Aquitaine、Hauts-de-France という新たな名称も生まれました。上記の13の地域圏に加えて、さらに5つの海外地域圏—— Guadeloupe、Martinique、Guyane、La Réunion、Mayotte——があります。

MA GRAMMAIRE

troisième édition

Yuriko ONO
Marie-Emmanuelle MURAMATSU

HAKUSUISHA

―― 音声ダウンロード ――

  付属CDと同じ内容を、白水社ホームページ（http://www.hakusuisha.co.jp/download/）からダウンロードすることができます。（お問い合わせ先：text@hakusuisha.co.jp）

Les couleurs du titre
de la couverture (bleu, jaune, vert, violet, rouge)
sont celles de l'emblème de la Francophonie, où elles représentent
les cinq continents auxquels appartiennent les membres.

表紙のタイトルの色（青、黄、緑、紫、赤）は
「フランコフォニー」のシンボルマークの色で、
加盟国・地域のある5大陸を表しています。

表紙デザイン　林　規章
本文地図・イラスト　村松マリ＝エマニュエル

まえがき

　本書は初級文法の教科書です。文法の説明とそれに対応する練習という範囲で、できるかぎり自然なフランス語を学べるよう心がけました。
　またこのたび、より使いやすくするため二度目の改訂を行い、ディクテを以前より分かりやすくし、新たに仏作文と仏文読解のコーナーを設けました。
　本編21課、補遺、練習問題集、CIVILISATION、CD、単語帳から構成されるこの教科書の特色は以下のとおりです。

本編21課
- もっとも基本的な初級文法項目のみを取り扱う
- 各課は2ページの見開き（1課のみ6ページ）で、左のページに文法の説明、右のページに練習問題
- ひとつの課がふたつ以上の文法事項を含む場合、練習問題は各々の事項に対応し、説明の終わった項目について、そのつど練習問題を行える
- その課で学んだ文法事項を使う簡単な仏作文とディクテがある

補遺
- 数字と時の表現に関する基本的な語彙、および本編より踏み込んだ文法項目を収録（本編の関連項目で参照を指示。たとえば、「直説法半過去」の項目で、「直説法大過去→補遺 p.66」）

練習問題集
- 本編の練習問題より少し高度な問題（1課につき1ページ、1, 2課だけは合わせて1ページ）と補遺の項目の大部分に対応する練習問題からなる
- 本編の問題集は、自宅学習、小テスト、夏休みや冬休みの宿題などに、補遺に対応する練習問題は、より発展的な文法の授業に便利

CIVILISATION I-IV
- フランスとフランス語に関する基本情報と、名句の小アンソロジーを収録
- CIVILISATION I-IIIには、そのページまでの学習段階で理解できる、読解用の簡単なフランス語の文章、CIVILISATION IVには文学作品の抜粋

CD
- 本編の文法説明、各課のディクテ、補遺の大部分を収録

単語帳
- 本書で使われている全単語を収録。別冊なので、不要な場合は回収して学期末まで先生方がお手元に保管してください。

　この教科書が、学生にとって分かりやすく、教師にとって教えやすいものであることを願ってやみません。ご使用になられました先生方の忌憚のないご意見、ご批判をお待ちしております。

著　者

目 次

	page		
Leçon 1	6	1-1	フランス語の文字
		1-2	フランス語の音
		1-3	つづり字の読み方
Leçon 2	12	2-1	名詞の性と数
		2-2	冠詞
		2-3	voici, voilà　■基数（1-10）
Leçon 3	14	3-1	主語人称代名詞
		3-2	être の直説法現在
		3-3	avoir の直説法現在
		3-4	c'est, ce sont, il y a　■基数（11-20）
Leçon 4	16	4-1	第1群規則動詞（-er 動詞）の直説法現在
		4-2	第2群規則動詞（-ir 動詞）の直説法現在
		4-3	形容詞の性と数
		4-4	形容詞の位置
CIVILISATION I	18		フランスを知る　Lecture　自己紹介
Leçon 5	20	5-1	基本文型
		5-2	否定形　■不規則活用動詞 attendre, partir
Leçon 6	22	6-1	疑問形
		6-2	Oui, Non, Si
		6-3	所有形容詞　■不規則活用動詞 prendre, faire
Leçon 7	24	7-1	指示形容詞
		7-2	名詞と形容詞の女性形・複数形の特殊な形
			■不規則活用動詞 acheter, préférer
Leçon 8	26	8-1	aller, venir の直説法現在
		8-2	近接未来・近接過去
		8-3	冠詞の縮約　■不規則活用動詞 vouloir, pouvoir
CIVILISATION II	28		世界の中のフランスとフランス語　Lecture　フランコフォニー出身の有名人
Leçon 9	30	9-1	疑問代名詞
		9-2	疑問副詞　■不規則活用動詞 savoir, connaître
Leçon 10	32	10-1	疑問形容詞
		10-2	形容詞と副詞の比較級
		10-3	形容詞と副詞の最上級　■不規則活用動詞 voir, commencer
Leçon 11	34	11-1	命令法
		11-2	非人称構文　■不規則活用動詞 manger, dire

| Leçon 12 | 36 | 12-1 過去分詞 |
| | | 12-2 直説法複合過去 |

| CIVILISATION Ⅲ | 38 | フランスの歴史　フランスの成り立ち　Lecture　国境に暮らした家族の思い出 |

| Leçon 13 | 40 | 13-1 人称代名詞の目的補語形 |
| | | 13-2 人称代名詞の強勢形 |

| Leçon 14 | 42 | 14-1 複合過去と目的補語人称代名詞 |
| | | 14-2 複合過去と過去分詞の一致（まとめ） |

Leçon 15	44	15-1 関係代名詞
		15-2 強調構文
		15-3 指示代名詞

| Leçon 16 | 46 | 16-1 代名動詞の活用 |
| | | 16-2 代名動詞の用法　■不規則活用動詞 (s')appeler |

| Leçon 17 | 48 | 17-1 直説法単純未来 |
| | | 17-2 中性代名詞 le, en, y　■不規則活用動詞 devoir |

| CIVILISATION Ⅳ | 50 | さまざまな言葉　Lecture　名作に触れる |

| Leçon 18 | 52 | 18-1 直説法半過去の活用 |
| | | 18-2 直説法半過去の用法 |

Leçon 19	54	19-1 受動態
		19-2 現在分詞
		19-3 ジェロンディフ

| Leçon 20 | 56 | 20-1 条件法現在の活用 |
| | | 20-2 条件法現在の用法 |

| Leçon 21 | 58 | 21-1 接続法現在の活用 |
| | | 21-2 接続法現在の用法　■不規則活用動詞 vivre |

APPENDICE	62	1 基数（1-1000）
	63	2 序数　　3 時の表現
	64	4 所有代名詞　　5 国名につける前置詞
		6 疑問代名詞：主語・直接目的補語・属詞以外の場合の疑問
	65	7 選択の疑問代名詞　　8 目的補語人称代名詞の併用
	66	9 前置詞＋関係代名詞　　10 直説法前未来　　11 直説法大過去
	67	12 条件法過去　　13 接続法過去　　14 直説法単純過去
	68	15 間接話法　　16 法と時制のまとめ

付録　練習問題集　69　動詞活用表

⇨ Leçon 1

1-1 フランス語の文字

a. Alphabet

A	a	[ɑ]	ア		N	n	[ɛn]	エヌ
B	b	[be]	ベ		O	o	[o]	オ
C	c	[se]	セ		P	p	[pe]	ペ
D	d	[de]	デ		Q	q	[ky]	キュ
E	e	[ə]	ウ		R	r	[ɛr]	エル
F	f	[ɛf]	エフ		S	s	[ɛs]	エス
G	g	[ʒe]	ジェ		T	t	[te]	テ
H	h	[aʃ]	アシュ		U	u	[y]	ユ
I	i	[i]	イ		V	v	[ve]	ヴェ
J	j	[ʒi]	ジ		W	w	[dubləve]	ドゥブルヴェ
K	k	[kɑ]	カ		X	x	[iks]	イクス
L	l	[ɛl]	エル		Y	y	[igrɛk]	イグレック
M	m	[ɛm]	エム		Z	z	[zɛd]	ゼッド

b. 筆記体

𝒜 ℬ 𝒞 𝒟 ℰ ℱ 𝒢 ℋ ℐ 𝒥 𝒦 ℒ ℳ 𝒩 𝒪 𝒫 𝒬 ℛ 𝒮 𝒯 𝒰 𝒱 𝒲 𝒳 𝒴 𝒵

a b c d e f g h i j k l m n o p q r s t u v w x y z

c. つづり字記号（signes orthographiques）

´	アクサン・テギュ（accent aigu）	é
`	アクサン・グラーヴ（accent grave）	à è ù
^	アクサン・シルコンフレックス（accent circonflexe）	â ê î ô û
¨	トレマ（tréma）	ë ï ü
¸	セディーユ（cédille）	ç
'	アポストロフ（apostrophe）	l'année
-	トレデュニオン（trait d'union）	après-demain

1-2　フランス語の音

a. 母音

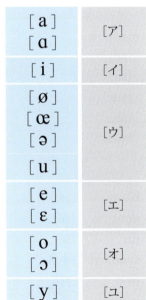

母音表

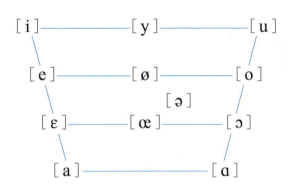

b. 鼻母音

[ã]　[œ̃]　[ɛ̃]　[ɔ̃]

c. 半母音

[j]　[ɥ]　[w]

d. 子音

[p]　[t]　[k]　[f]　[s]　[ʃ]
[b]　[d]　[g]　[v]　[z]　[ʒ]　[m]　[n]　[ɲ]　[l]　[r]

1-3 つづり字の読み方

a. 単母音字：a, e, i, y, o, u

a, à, â	[a, ɑ]	ア	ami	[ami]	âme	[ɑm]
i, î, y	[i]	イ	ici	[isi]	type	[tip]
o, ô	[o, ɔ]	オ	pot	[po]	or	[ɔr]
u, û	[y]	ユ	du	[dy]	mûr	[myr]
e （語末）	[−]	無音	vie	[vi]	arbre	[arbr]
	（一音節では[ə]）		le	[lə]	de	[də]
（音節の区切り目）	[ə, −]	ウ、無音	menu	[məny]	petit	[p(ə)ti]
（それ以外）	[e, ɛ]	エ	parler	[parle]	terre	[tɛr]
é	[e]	エ	été	[ete]	café	[kafe]
è, ê	[ɛ]	エ	mère	[mɛr]	tête	[tɛt]

b. 複母音字

ai, ei	[ɛ]	エ	lait	[lɛ]	peine	[pɛn]
au, eau	[o]	オ	auto	[oto]	peau	[po]
eu, œu	[ø/œ]	ウ	feu	[fø]	nœud	[nø]
			peur	[pœr]	cœur	[kœr]
ou	[u]	ウ	cou	[ku]	bijou	[biʒu]
oi	[wa]	ワ	moi	[mwa]	joie	[ʒwa]

c. 母音字＋m, n

am, an, em, en	[ɑ̃]	アン	camp	[kɑ̃]	blanc	[blɑ̃]
			empire	[ɑ̃pir]	dent	[dɑ̃]
im, in			impossible	[ɛ̃pɔsibl]	fin	[fɛ̃]
ym, yn	[ɛ̃]	アン	sympa	[sɛ̃pa]	syndicat	[sɛ̃dika]
aim, ain, eim, ein			faim	[fɛ̃]	pain	[pɛ̃]
			Reims	[rɛ̃s]	peinture	[pɛ̃tyr]
um, un	[œ̃]	アン	parfum	[parfœ̃]	lundi	[lœ̃di]
om, on	[ɔ̃]	オン	nombre	[nɔ̃br]	marron	[marɔ̃]
ien	[jɛ̃]	イヤン	bien	[bjɛ̃]	italien	[italjɛ̃]

d. 半母音を表すつづり

i ＋母音	[j]		pied	[pje]	violon	[vjɔlɔ̃]
u ＋母音	[ɥ]		huit	[ɥit]	parapluie	[paraplɥi]
ou ＋母音	[w]		oui	[wi]	doué	[dwe]

e. 子音字

c	[k]	ク	carte	[kart]	clé	[kle]
c + e, i, y	[s]	ス	ceci	[səsi]	cycle	[sikl]
ç	[s]	ス	ça	[sa]	français	[frɑ̃sɛ]
g	[g]	グ	gare	[gar]	gros	[gro]
g + e, i, y	[ʒ]	ジュ	genou	[ʒ(ə)nu]	girafe	[ʒiraf]
ge + a, o, u	[ʒ]	ジュ	geai	[ʒe]	geôle	[ʒol]
gu + e, i, y	[g]	グ	guerre	[gɛr]	guide	[gid]
h	[−]	無音	homme	[ɔm]	hélicoptère	[elikɔptɛr]
	[−]	有音	haie	[ɛ]	haricot	[ariko]

h は常に発音されないが、文法上、有音と無音の区別がある。(→p. 10, f. 母音字で始まる語に関する規則)

s	[s]	ス	si	[si]	sucre	[sykr]
	[z]	ズ（母音字＋s＋母音字）	cuisine	[kɥizin]	oiseau	[wazo]
x	[ks]	クス	taxi	[taksi]	mixte	[mikst]
	[gz]	グズ（語頭の ex の後に母音字がある時）			exercice	[ɛgzɛrsis]
ch	[ʃ]	シュ	chat	[ʃa]	chocolat	[ʃɔkɔla]
	([k]	ク　chrétien [kretjɛ̃])				
gn	[ɲ]	ニュ	signe	[siɲ]	mignon	[miɲɔ̃]
ph	[f]	フ	photo	[fɔto]	éléphant	[elefɑ̃]
qu	[k]	ク	qui	[ki]	quand	[kɑ̃]
th	[t]	トゥ	thé	[te]	Catherine	[katrin]
ill	[ij]	イユ	fille	[fij]	juillet	[ʒɥijɛ]
	([il]イル　ville [vil])					
ail	[aj]	アイユ	rail	[raj]	travail	[travaj]
eil	[ɛj]	エイユ	soleil	[sɔlɛj]	réveil	[revɛj]

◆ 語末の子音字は原則として発音しない。
　　lourd [lur]　　trop [tro]　　bras [bra]　　vent [vɑ̃]

◆ ただし c, f, l, r は発音されることが多い。
　　arc [ark]　　neuf [nœf]　　final [final]　　mer [mɛr]

f. 母音字で始まる語に関する規則 　　　　　　　　　　　　　　　🆑 6

リエゾン（liaison）
　本来なら発音されない語末の子音字が、つぎに母音字や無音のhで始まる単語がくると、それと結合して発音される。

　　les [le] + arbres [arbr] → les‿arbres [lezarbr]
　　petit‿enfant [pətitɑ̃fɑ̃]　　vous‿habitez [vuzabite]　　dans‿un‿an [dɑ̃zœ̃nɑ̃]

　◆ s, x, z → [z]　ses‿amis [sezami], beaux‿arbres [bozarbr], chez‿eux [ʃezø]
　　　d → [t]　grand‿homme [grɑ̃tɔm]

　◆ リエゾンしなければならない場合：冠詞＋名詞、形容詞＋名詞、代名詞＋動詞、前置詞の後等。
　　リエゾンしてはならない場合：主語名詞/動詞、接続詞 et の後、単数名詞/形容詞等。

アンシェヌマン（enchaînement）
　発音される単語の最後の子音字が、つぎに母音字や無音のhで始まる単語がくると、それと結合して発音される。

　　il [il] + a [a] → il‿a [ila]
　　avec‿elle [avɛkɛl]　　cette‿histoire [sɛtistwar]　　une‿école [ynekɔl]

エリズィヨン（élision）（母音字省略）
　母音字で終わる単語の一部（le, la, je, me, se, te, ce, ne, de, que, si, *etc.*）が、つぎに母音字や無音のhで始まる単語がくると、省略されてアポストロフ（'）になる。

　　le [lə] + arbre [arbr] → l'arbre [larbr]
　　j'aime [ʒɛm]　　s'appeler [saple]　　l'hôtel [lɔtɛl]

句読記号

| . point | ピリオド | ? point d'interrogation | 疑問符 |
| , virgule | カンマ | ! point d'exclamation | 感嘆符 |

⇨ EXERCICES 1

1 `1-1` 次の略号を読みなさい。

1. CD   2. UE   3. DVD   4. HLM   5. PDG   6. TVA
7. EDF   8. RER   9. TGV   10. CRS   11. SNCF   12. RATP

2 `1-1` 自分の名前とつづりを言いなさい。名前をたずねなさい。

例：Je m'appelle Juri YAMAKAWA, J. U. R. I. Y. A. M. A. K. A. W. A
　　（私の名前は山川樹里です）

Je m'appelle

Et vous ?（あなたは？）

3 `1-3` 次の単語を発音しなさい。

a. 1. ananas   2. sur   3. syllabe   4. idole   5. nature
b. 1. école   2. melon   3. porte   4. père   5. merci
c. 1. joue   2. eau   3. capitaine   4. eux   5. foie
d. 1. mouton   2. tiens   3. ambassade   4. timbre   5. symphonie
e. 1. cercle   2. saison   3. gomme   4. gingembre 5. harmonica
f. 1. chambre   2. signal   3. physique   4. vieil   5. théâtre

⇨ DICTÉE 1

どの音が聞こえましたか。聞こえた音に印をつけなさい。

	[u] ou	[ə] [ø] [œ] e, eu, œu	[y] u
1	✔		
2			
3			
4			
5			
6			

	[ɑ̃] an, am en, em	[ɔ̃] on, om	[ɛ̃] [œ̃] im, in, ym, yn aim, ain, eim, ein um, un
1	✔		
2			
3			
4			
5			
6			

⇨ Leçon 2

2-1　名詞の性と数　　　　　　　　　　　　　　　　　　　　　　　CD 10

名詞はすべて**男性名詞**（masculin → *m.*）か**女性名詞**（féminin → *f.*）かに分かれる。

男性名詞	garçon	père	arbre	soleil	livre
女性名詞	fille	mère	fleur	lune	école

◆ 職業や国籍、身近な動物に関してはふつう男性形と女性形がある。
　　étudiant / étudiant*e*, chien / chien*ne*　　（→ Leçon 7：名詞と形容詞の女性形・複数形の特殊な形）

複数形（pluriel → *pl.*）は、原則として、**単数形**（singulier → *s.*）の語尾に **s** をつける。
ただし、この s は発音しない。　　garçon　→　garçon*s*　　　fille　→　fille*s*

2-2　冠詞　　　　　　　　　　　　　　　　　　　　　　　　　　　CD 11

a. **不定冠詞**　不特定・可算名詞　（あるひとつの〜、いくつかの〜）

	s.	*pl.*
m.	un	des
f.	une	

un livre　　　un homme　　　des arbres
une école　　une femme　　 des fleurs

b. **部分冠詞**　不特定・不可算名詞　（ある量の〜、ある程度の〜）

m.	du（de l'）
f.	de la（de l'）

du thé　　　　de l'air　　　　du courage
de l'eau　　　de la viande　　de la fièvre

c. **定冠詞**　可算名詞・不可算名詞とも

1. 特定　（その〜、それらの〜）　　2. 総称　（〜というもの。可算名詞はふつう複数形）

	s.	*pl.*
m.	le（l'）	les
f.	la（l'）	

le jardin　　　l'arbre
le soleil　　　le courage　　　les anges
la maison　　 l'étoile
la lune　　　　la musique　　　les herbes

2-3　**voici, voilà**　　　　　　　　　　　　　　　　　　　　　　　CD 12

voici　　ここに〜があります（います）、ほら、これが〜です
voilà　　あそこに（ここに）〜があります（います）、ほら、あれが（これが）〜です

　　Voici des fleurs.　　Voici le frère de Marie.
　　Voilà un taxi.　　　Voilà Paul, un ami.

➪ EXERCICES 2

1 `2-2` a. 名詞に不定冠詞をつけなさい。
1. (　　　) fille　　2. (　　　) arbres　　3. (　　　) cahier
4. (　　　) sœurs　　5. (　　　) pomme　　6. (　　　) hôtel

2 `2-2` b. 名詞に部分冠詞をつけなさい。
1. (　　　) musique　　2. (　　　) thé　　3. (　　　) eau
4. (　　　) soupe　　5. (　　　) argent　　6. (　　　) café

3 `2-2` c. 名詞に定冠詞をつけなさい。
1. (　　　) maison　　2. (　　　) courage　　3. (　　　) frères
4. (　　　) école　　5. (　　　) tables　　6. (　　　) histoire

4 `2-3` 下線部が単数形なら複数形に、複数形なら単数形にして文を書き改めなさい。
1. Voici une pomme.　→
2. Voilà les frères de Léa.　→
3. Voici des crayons et voilà des gommes.　→

➪ THÈME 2

ほら、あれがポールのお母さんだよ。

➪ DICTÉE 2

この課で学んだ単語です。CD を聞いて空欄に書き入れましょう。　CD 13

1. _____　2. _____　3. _____
4. _____　5. _____　6. _____

CD 14

基数 (1-10)
| 1 | un, une | 2 | deux | 3 | trois | 4 | quatre | 5 | cinq |
| 6 | six | 7 | sept | 8 | huit | 9 | neuf | 10 | dix |

⇨ Leçon 3

3-1 主語人称代名詞 CD 15

	単　数		複　数	
1人称	je（j'）	私は〜	nous	私たちは〜
2人称	tu	君は〜	vous	君たちは〜
	vous	あなたは〜		あなたたちは〜
3人称	il	彼は〜、それは〜	ils	彼らは〜、それらは〜
	elle	彼女は〜、それは〜	elles	彼女らは〜、それらは〜

◆ je は母音字と無音の h の前で j' になる。tu は親しい間柄でのみ使う。3 人称は物も受ける。

3-2 être の直説法現在 CD 16

être			
je	suis	nous	sommes
tu	es	vous	êtes
il	est	ils	sont
elle	est	elles	sont

Je suis étudiante.
Vous êtes étudiant.
Thomas est jeune.
Les filles sont à l'école.

◆ être「〜です」に続く名詞が職業や身分を表す場合、冠詞はつけない。

3-3 avoir の直説法現在 CD 17

avoir			
j'ai		nous	avons
tu	as	vous	avez
il	a	ils	ont
elle	a	elles	ont

Nous avons un chat.
Tu as faim ?
François a 20 ans.
Les enfants ont de la fièvre.

3-4 c'est, ce sont, il y a CD 18

c'est, ce sont　これは〜です、これらは〜です

C'est un livre.　　　　　C'est le livre de Jeanne.
C'est de l'argent ?　　　C'est l'argent de Jean.
Ce sont des étudiants.　Ce sont les étudiants de la faculté de médecine.

il y a　〜があります（います）

Il y a des fleurs sur la table.
Il y a un garçon dans la chambre.

⇨ EXERCICES 3

1 3-2 主語を変えて、文を書き改めなさい。

1. Nous sommes à Paris.   Ils _____

2. Vous êtes français ?   Tu _____ ?

3. Je suis journaliste.   Marie _____

2 3-3 主語を変えて、文を書き改めなさい。

1. J'ai un frère.   Elle _____

2. Tu as soif ?   Vous _____ ?

3. Il a du courage.   Thomas et Jeanne _____

3 3-4 下線部が単数形なら複数形に、複数形なら単数形にして、文を書き改めなさい。

1. C'est une pomme. → _____

2. Ce sont des amis. → _____

3. Il y a une photo sur la table. → _____

4. Voici des chats. Ce sont les chats de Sophie.

   → _____

⇨ THÈME 3

部屋の中に子供たちがいます。

_____

⇨ DICTÉE 3   句読記号→ p. 10 参照。   CD 19

_____ Jean. _____ étudiant. _____ _____ ans.

CD 20

基数 (11–20)

11	onze	12	douze	13	treize	14	quatorze	15	quinze
16	seize	17	dix-sept	18	dix-huit	19	dix-neuf	20	vingt

* 21 以上の数詞と序数詞→ p. 62〜63

Leçon 4

4-1 第1群規則動詞（-er 動詞）の直説法現在　　CD 21

penser			
je	pense	nous	pensons
tu	penses	vous	pensez
il/elle	pense	ils/elles	pensent

-er 動詞の語尾				
je	—e	nous	—ons	[ɔ̃]
tu	—es	vous	—ez	[e]
il/elle	—e	ils/elles	—ent	

◆ nous と vous 以外では活用語尾は発音されない。

danser：Elle **danse** bien.　　regarder：Nous **regardons** la télé.

4-2 第2群規則動詞（-ir 動詞）の直説法現在　　CD 22

finir			
je	fin**is**	nous	fin**issons**
tu	fin**is**	vous	fin**issez**
il/elle	fin**it**	ils/elles	fin**issent**

-ir 動詞の語尾				
je	—is [i]	nous	—issons	[isɔ̃]
tu	—is [i]	vous	—issez	[ise]
il/elle	—it [i]	ils/elles	—issent	[is]

grandir：Le bruit **grandit**.　　réussir：Ils **réussissent** toujours l'examen.

4-3 形容詞の性と数　　CD 23

形容詞はそれが関係する名詞や代名詞の性・数にしたがって変化する。

	s.	pl.
m.	grand	grands
f.	grande	grandes

Il est **grand**.　　　Ils sont **petits**.
Jeanne est **intelligente**.　　Les roses sont **jolies**.

◆ 複数語尾の s は発音しない。

4-4 形容詞の位置　　CD 24

名詞を修飾する際、形容詞は原則として名詞の後ろに置かれる。

un sac **noir**　　une table **ronde**

ただし、日常よく使われる短い形容詞は名詞の前に置かれる。

bon, mauvais, grand, petit, jeune, nouveau, vieux, beau, joli, *etc.*

un **petit** sac　　une **jolie** table

◆ 複数名詞の前に形容詞が置かれている時、不定冠詞複数の des は原則として de（d'）になる。

des sacs noirs　　*de* petits sacs　　*des* tables rondes　　*de* jolies tables

⇨ EXERCICES 4

1 4-1 aimer を直説法現在形に活用させなさい。

j'_____   tu_____   il_____
nous_____   vous_____   ils_____

2 4-2 choisir を直説法現在形に活用させなさい。

je_____   tu_____   elle_____
nous_____   vous_____   elles_____

3 4-1 4-2 動詞を直説法現在形に活用させなさい。

1. chanter　：Tu _____ bien !
2. réfléchir ：Elle _____ longtemps.
3. chercher ：Nous _____ du travail.

4 4-3 形容詞の性・数を主語に一致させて文を書き改めなさい。

1. Il est petit.　　→　Elles sont _____
2. Il est joli.　　 →　Elle est _____
3. C'est grand.　 →　Les arbres sont _____

5 4-4 例にならい、形容詞を正しい位置につけなさい。

例　C'est un garçon.　　（beau）　　→　C'est un beau garçon.

1. C'est une robe.　　　（verte）　　→　_____
2. Ce sont des nouvelles.（mauvaises）→　_____

⇨ THÈME 4

私はブラックコーヒーが好きです。

_____

⇨ DICTÉE 4

Elle _____ _____ fleurs. _____ _____ _____ _____.

CIVILISATION I   La France

フランスの位置
西ヨーロッパの中心にあり西側は大西洋と英仏海峡に、南側は地中海に面する。

国境　8つの国と国境を接する
ドイツ、スイス、イタリア、スペイン、ベルギー、ルクセンブルク、モナコ、アンドラ

面積	人口	首都
約54万4000km² （本土のみ）	約6699万人	パリ

フランスを知る

時差
本土と日本との時差は冬時間 8 時間
夏時間（3 月最後の日曜日から 10 月最後の土曜日まで）7 時間

政治形態
共和国

国家元首
大統領（任期 5 年、国民による直接選挙によって選ばれる）

議会制度
二院制：国民議会、元老院

通貨
EURO（ユーロ） 1 euro（約 125 円〈2017 年 6 月現在〉）= 100 centimes（サンチーム）

教育制度
義務教育 ・3 歳から 16 歳まで（飛び級、落第がある）
初等教育 ・5 年（それ以前にほとんどの子供が 2、3 歳から幼稚園に通う）
中等教育 ・7 年（一部の職業リセは異なる）
大　　学 ・ほとんどが国立、原則として中等教育最後の 2 年間に行われる全国共通の大学入学資格試験（バカロレア）がすべての大学の入学資格となる。
・ただし、大学とは別のエリートコースとしてグランド・ゼコールがある。

共和国の標語： Liberté Egalité Fraternité 自由・平等・友愛

Lecture　自己紹介

Présentation

Je m'appelle Yuma Suzuki.　　Je m'appelle Chloé Durand.
Je suis japonais.　　　　　　Je suis française.
Je suis étudiant.　　　　　　Je suis étudiante.
J'habite à Tokyo.　　　　　　J'habite à Paris.
J'aime la musique.　　　　　J'aime les voyages.

共和国を象徴する女性像：Marianne マリアンヌ

Leçon 5

5-1 基本文型

1. Un garçon chante. — 主語＋動詞
2. Ils sont étudiants. — 主語＋動詞＋属詞
3. Jean aime la musique. — 主語＋動詞＋直接目的補語
4. Nous téléphonons à un ami. — 主語＋動詞＋間接目的補語
5. Je donne un cadeau à Claire. — 主語＋動詞＋直接目的補語＋間接目的補語
6. Elle trouve la robe rouge très jolie. — 主語＋動詞＋直接目的補語＋属詞

5-2 否定形

否定形　**ne(n')＋動詞＋pas**

Il travaille. → Il **ne** travaille **pas**.
J'aime les roses. → Je **n'**aime **pas** les roses.

直接目的補語につく不定冠詞・部分冠詞は否定文中で、**de（d'）** になる。

Nous avons une photo. → Nous **n'**avons **pas** *de* photo.
Elle a des enfants. → Elle **n'**a **pas** *d'*enfants.
J'ai de la fièvre. → Je **n'**ai **pas** *de* fièvre.
On a du temps. → On **n'**a **pas** *de* temps.

◆ on は不定代名詞で、「人は」、「人々は」、「誰かが」等広い意味で使われるが、会話の中ではふつう、「私たち」の意味を持つ。ただし動詞の活用は常に3人称単数。

Il y a du vin dans la bouteille. → Il **n'**y a **pas** *de* vin dans la bouteille.

◆ C'est un livre. → Ce n'est pas un livre.

＊不規則活用動詞

attendre			
j'	attends	nous	attendons
tu	attends	vous	attendez
il/elle	attend	ils/elles	attendent

partir			
je	pars	nous	partons
tu	pars	vous	partez
il/elle	part	ils/elles	partent

➡ EXERCICES 5

1 5-1　単語を並べ替えて文を作りなさい（文頭の単語は大文字で始めること）。

1. 彼女はフランス人です。　　　　　　（elle, française, est）
   →

2. ポールはひとりの女の子に話しかけます。（à, fille, parle, Paul, une）
   →

3. 私たちは友だちを待っています。　　（ami, attendons*, nous, un）
   →

4. 私はマリーにケーキをあげます。　　（à, donne, gâteau, je, Marie, un）
   →

2 5-2　否定形にしなさい。

1. Tu pars* ?　　→　　　　　　　　　　　　　　　　　　　　　　　?
2. Elles sont étudiantes.　→
3. Vous aimez le cinéma ?　→　　　　　　　　　　　　　　　　　　?
4. J'ai des crayons.　→
5. C'est une orange.　→
6. On a de l'argent.　→

➡ THÈME 5

コーヒーは好きですか？——いいえ、好きではありません。　いいえ→Non

➡ DICTÉE 5　　　CD 29

Vous _____ ____ thé ? —Non, ____ ____ ____ ____ ____ .

⇨ Leçon 6

6-1 疑問形

a. イントネーションによる　　　Vous dansez ? ↗
　　　　　　　　　　　　　　　Il aime le sport ? ↗
　　　　　　　　　　　　　　　Les étudiants sont dans la classe ? ↗

b. 文頭に **Est-ce que（qu'）** をつける　　**Est-ce que** vous dansez ?
　　　　　　　　　　　　　　　　　　　　Est-ce qu'il aime le sport ?
　　　　　　　　　　　　　　　　　　　　Est-ce que les étudiants sont dans la classe ?

c. 倒置による

1. 主語が代名詞の場合、主語と動詞を倒置（- で結ぶ）。
　Dansez-vous ?　Aime-t-il le sport ?　否定の場合　Ne dansez-vous pas ?

◆ 主語が三人称単数で動詞が母音字で終わる場合、-t を補う。
　Danse-**t**-il ?　Danse-**t**-elle ?　(cf. Finit-il à midi ?　Finit-elle à midi ?)

◆ il y a の場合　**Y a-t-il** des livres sur la table ?

2. 主語が名詞の場合、主語を文頭に置き、主語に相当する代名詞と動詞を倒置（- で結ぶ）。
　Les étudiants sont-ils dans la classe ?　Jeanne aime-t-elle le sport ?

6-2 **Oui, Non, Si**

Vous aimez chanter ?　　　　　　　　Vous n'aimez pas chanter ?
—**Oui**, j'aime chanter.　　　　　　　—**Si**, j'aime chanter.
—**Non**, je n'aime pas chanter.　　　　—**Non**, je n'aime pas chanter.

6-3 所有形容詞

	m. s.	*f. s.*	*m. f. pl.*
je	mon	ma (mon)	mes
tu	ton	ta (ton)	tes
il, elle	son	sa (son)	ses
nous	notre	notre	nos
vous	votre	votre	vos
ils, elles	leur	leur	leurs

mon pull
ta maison
ses lunettes
notre école
vos enfants
leur chambre

◆ ma, ta, sa は母音字と無音の h の前で mon, ton, son になる。
　mon idole, ton école, son histoire

◆ son, sa の区別は、所有者（彼の、彼女の）ではなく、所有される対象の性・数による。
　la mère de Jeanne → **sa** mère　　le père de Jeanne → **son** père
　la mère de Paul → **sa** mère　　　le père de Paul → **son** père

◆ 所有代名詞 →補遺 p. 64

⇨ EXERCICES 6

1 `6-1` a. Est-ce que をつけた疑問文と、b. 倒置の疑問文に書き改めなさい。

1. Vous prenez* le train ?
   a. _____
   b. _____

2. Les enfants font* du sport ?
   a. _____
   b. _____

2 `6-2` 質問に、a. 肯定と、b. 否定で答えなさい。

1. Est-ce qu'elle travaille le dimanche ?
   a. _____
   b. _____

2. Tu ne fais pas la vaisselle après le repas ?
   a. _____
   b. _____

3 `6-3` （ ）のなかに適切な形の所有形容詞を書き入れなさい。

1. 私の：（   ）chambre   2. 君の：（   ）amie
3. 彼の：（   ）chaussures 4. あなたの：（   ）numéro de portable

⇨ THÈME 6

自分の車（voiture *f.*）を使わないの？　うん、自分の車は使わない。電車に乗る。　使う、乗る→ prendre

⇨ DICTÉE 6   CD 33

_____ _____ _____ _____ de sport ? — ____ , ____ _____ du tennis.

＊不規則活用動詞   CD 34

prendre				faire			
je	prends	nous	prenons	je	fais	nous	faisons
tu	prends	vous	prenez	tu	fais	vous	faites
il/elle	prend	ils/elles	prennent	il/elle	fait	ils/elles	font

⇨ Leçon 7

7-1 指示形容詞　　CD 35

	s.	pl.
m.	ce（cet）	ces
f.	cette	

ce livre　　cet‿arbre　　ces chapeaux
cette voiture　　cette‿école　　ces‿étoiles

◆ 男性単数形は母音字と無音の h の前で cet に変わる。
◆ 近くのもの（この、これらの）と遠くのもの（あの、あれらの）を区別するには名詞の後ろに -ci, -là をつける。　J'aime cette voiture-*ci* mais je n'aime pas cette voiture-*là*.
　　　　　　　　　　　　　　　（この車）　　　　　　　　　　　　　　（あの車）

7-2 名詞と形容詞の女性形・複数形の特殊な形　　CD 36

a. 女性形

| -e → 不変 | jeune → jeune |
| -er → -ère | léger → légère |

| -f → -ve | actif → active |
| -eux → -euse | sérieux → sérieuse |

その他：語末の子音字を重ねるもの　bon → bonne, gentil → gentille
　　　　特殊なもの　blanc → blanche, long → longue, etc.

◆ 国籍や職業の多く、また身近な動物に関しては、形容詞と同じ要領で女性形が作られる。
　　un Américain → une Américaine　　un étudiant → une étudiante
　　un chien → une chienne

b. 複数形

| -s, -x → 不変 |
| -eu, -eau → -eux, -eaux |
| -al → -aux |

gros → gros　　　　　une voix → des voix
beau → beaux　　　　un neveu → des neveux
général → généraux　　un journal → des journaux

特殊な名詞複数形：travail → travaux　　œil → yeux　etc.

◆ 形容詞の女性複数形はすべて〈女性単数形 + s〉　grosse → grosses　　générale → générales

c. 男性単数第 2 形を持つ形容詞

形容詞の中には男性単数第 2 形（母音字と無音の h の前）を持つものがある。

m. s.	m. s. 第2形	f. s.	m. pl.	f. pl.
beau	**bel**	belle	beaux	belles
nouveau	**nouvel**	nouvelle	nouveaux	nouvelles
vieux	**vieil**	vieille	vieux	vieilles

un beau livre　　un bel‿arbre　　de beaux‿arbres
une belle‿étoile　　　　　　　　　de belles maisons

⇨ EXERCICES 7

1 7-1 （ ）のなかに適切な指示形容詞を書き入れなさい。

1. Vous aimez （　　　　） chanson ?
2. Il habite dans （　　　　） appartement.
3. Nous achetons* （　　　　） fleurs.
4. Elle préfère* （　　　　） jupe-ci à （　　　　） jupe-là.

2 7-2 a.　形容詞を女性形にして（ ）のなかに書き入れなさい。

1. petit : une （　　　　） maison　　2. neuf : une voiture （　　　　）
3. courageux : une fille （　　　　）　　4. rouge : une cravate （　　　　）
5. dernier : la （　　　　） chance　　6. bon : une （　　　　） odeur

3 7-2 b.　形容詞を男性複数形にして（ ）のなかに書き入れなさい。

1. grand : de （　　　　） arbres　　2. beau : de （　　　　） pulls
3. français : des livres （　　　　）　　4. nouveau : de （　　　　） professeurs
5. heureux : des parents （　　　　）　　6. social : des problèmes （　　　　）

4 7-2 c.　形容詞を正しい形にして（ ）のなかに書き入れなさい。

1. beau : une （　　　　） chemise　　2. beau : un （　　　　） Italien
3. nouveau : le （　　　　） an　　4. vieux : une （　　　　） amie

⇨ THÈME 7

彼女は新しい赤いスカートを買います。

⇨ DICTÉE 7　　CD 37

Momotaro＿＿＿　＿＿　＿＿＿＿garçon＿＿＿＿＿＿．

＊不規則活用動詞　　CD 38

acheter			préférer		
j'**achète**	nous	**achetons**	je	**préfère**	nous **préférons**
tu **achètes**	vous	**achetez**	tu	**préfères**	vous **préférez**
il/elle **achète**	ils/elles	**achètent**	il/elle	**préfère**	ils/elles **préfèrent**

25

→ Leçon 8

8-1 aller, venir の直説法現在

aller			
je	**vais**	nous	**allons**
tu	**vas**	vous	**allez**
il/elle	**va**	ils/elles	**vont**

venir			
je	**viens**	nous	**venons**
tu	**viens**	vous	**venez**
il/elle	**vient**	ils/elles	**viennent**

Je vais à Paris.
Elle va chercher sa mère à la gare.
Vous allez bien ? —Oui, je vais bien.

Il vient de Tokyo.
Tu viens à Paris ?
Ils viennent parler avec Nicolas.

8-2 近接未来・近接過去

aller + 動詞の不定形　近い未来を表す。「～するところです、～するつもりです」

Je **vais partir** à Paris cet été.

◆ 〈aller + 動詞の不定形〉は「～しに行く」の意味で使うこともあるので注意。

venir de(d') + 動詞の不定形　近い過去を表す。「～したばかりです、～したところです」

Elle **vient de finir** ce travail.

8-3 冠詞の縮約

à + le	→	**au**	Je vais au cinéma.
à + les	→	**aux**	Je vais aux toilettes.
de + le	→	**du**	Il vient du jardin.
de + les	→	**des**	Il vient des États-Unis.

◆ à la, à l', de la, de l' は不変。
　Je vais *à la* gare. Je vais *à l'*école. Il vient *de la* maison. Il vient *de l'*hôtel.

◆ 女性名詞の国名につける前置詞 → 補遺 p. 64

＊不規則活用動詞

vouloir			
je	**veux**	nous	**voulons**
tu	**veux**	vous	**voulez**
il/elle	**veut**	ils/elles	**veulent**

pouvoir			
je	**peux**	nous	**pouvons**
tu	**peux**	vous	**pouvez**
il/elle	**peut**	ils/elles	**peuvent**

⇨ EXERCICES 8

1 8-1 主語を変えて、文を書き改めなさい。

1. Je vais à l'université. → Nous _____
2. Tu viens de la gare ? → Vous _____ ?
3. Ils vont faire des courses. → Elle _____
4. Claire vient prendre ses bagages. → Jean et Claire _____
   （所有形容詞も書き換えること）

2 8-2 例にならい、a. 近接未来と、b. 近接過去の文を作りなさい。

例　Il (rentrer). → a. Il va rentrer.
　　　　　　　　→ b. Il vient de rentrer.

1. Nous (finir) notre travail.
   → a. _____
   → b. _____

2. Thomas (faire) la cuisine.
   → a. _____
   → b. _____

3 8-3 下線部が正しければ○をつけ、間違っていれば正しく書き直しなさい。

1. Le nouveau professeur vient de le Canada. →( )
2. Je veux* partir à les États-Unis. →( )
3. Voilà la clef de la maison. →( )
4. Vous pouvez* venir à le bureau ? →( )

⇨ THÈME 8

私は自分の仕事を終えたところです。

_____

⇨ DICTÉE 8

CD 43

_____ _____ _____ en vacances _____ .
（休暇に）

CIVILISATION II　　　　　　　　　　　　　　　　　　La francophonie

■ 世界中に散在するフランス　西ヨーロッパ以外にも領土がある。

départements d'outre-mer（海外県）
　　Guadeloupe　グアドループ　　Guyane　　　ギアナ
　　Martinique　マルティニーク　La Réunion　レユニオン　　Mayotte　　マイヨット

collectivités d'outre-mer（海外自治体）
　　Polynésie française　　　仏領ポリネシア
　　Wallis et Futuna　　　　　ワリス・エ・フトゥナ
　　Saint-Pierre et Miquelon　サン＝ピエール・エ・ミクロン
　　les Terres australes et antarctiques françaises　仏領南方・南極大陸地域
　　Saint-Barthélemy　　　　　サン＝バルテルミ
　　Saint-Martin　　　　　　　サン＝マルタン

collecivité sui generis（特別自治体）
　　La Nouvelle Calédonie　ヌーヴェル・カレドニー（ニューカレドニア）

■ フランス語の成り立ち
　フランス語は、BC1世紀、ローマの属国になったことにより定着した俗ラテン語が変化、発達して形成された言語。17世紀頃ほぼ現在の形に整備された。
　インド＝ヨーロッパ語に属し、インド＝ヨーロッパ語の内部では、ロマンス語に分類される。イタリア語、スペイン語、ポルトガル語、ルーマニア語等に近い。
　なお、現在、フランスでは、フランス語以外に、本土ではアルザス語、ブルターニュ語、バスク語などが、海外県・自治体ではフレンチ・クレオール語などが地域言語として、話されている。

民俗衣装
（左から）
アルザス地方
ブルターニュ地方
バスク地方
グアドループ（カリブ海）

Guatertag　Dermat　Egunon　Bonjou　おはよう　こんにちは

Wédersah　Kenavo　Ikus arte　Apita　さようなら

世界の中のフランスとフランス語

■ **フランス語圏**（francophonie）

　17世紀以来、フランスは海外に侵攻を開始し、領土を拡大していった。最初に拠点ができたのは北アメリカ沿岸とカリブ海諸島。その後、植民地はアフリカ北西部、中央部、インド、北アメリカ内陸部、南太平洋のポリネシア諸島、東南アジア、中東と、第一次世界大戦直後まで拡大し続けた。第二次世界大戦後、大部分の地域は独立したが、フランスに留まることを選んだ地域もあり、それらの地域が現在の海外県、海外自治体、特別自治体を形成している。呼称の違いは自治の度合い等、本土との関係の違いによる。

　このような歴史的経緯もあり、今でも世界中にフランス語を公用語（のひとつ）や通用語（のひとつ）とする多くの国がある。同じ国内に複数の言語が母語として存在するため、共通語としてフランス語が使われるという事情をもつ国々もある。また、第一次世界大戦までは、フランス語は国際語として第一の地位にあったため、現在でも国際語として高い地位を保っている。

　人々がフランス語を話す国や地域をフランス語圏（francophonie）と呼ぶが、この francophonie を大文字で始めると「国際フランコフォニー機構」（Organisation internationale de la francophonie）を指す。加盟国54、準加盟国4、オブザーバー国26で（2017年現在）、1986年以来、2年毎にサミットを開いている。

フランス語のみを公用語とする国

ベナン	ブルキナファッソ	コンゴ共和国	コンゴ民主共和国	
コートジボワール	フランス	ガボン	ギニア	マリ
モナコ	ニジェール	セネガル	トーゴ	

＊このうちアフリカの国々では、フランス語以外の言語も国語、母語として話されている。

フランス語が公用語のひとつとなる国

ベルギー	ブルンジ	カメルーン	カナダ
中央アフリカ	コモロ	ジブチ	赤道ギニア
ハイチ	ルクセンブルク	マダガスカル	ルワンダ
セーシェル	スイス	チャド	バヌアツ

ほかにもアルジェリア、モロッコ、レバノン等、多かれ少なかれフランス語が通用する多くの国々がある。

Lecture　フランコフォニー出身の有名人

Carlos Ghosn
libano-brésilien-français,
né au Brésil
industriel
P.D.G. du groupe Renault,
ancien P.D.G. de Nissan
héros du manga *L'histoire vraie de Ghosn-san*, de Takanobu Toda et Yoko Togashi

Céline Dion
canadienne née au Québec
chanteuse francophone,
elle chante aussi en anglais
Ne partez pas sans moi
(Eurovision 1988)
To love you more
(feuilleton japonais *Koibito yo*)
My Heart will go on (film *Titanic*)

Leçon 9

9-1 疑問代名詞　　CD 44

	主　語	直接目的補語	属詞
人	a) **qui** b) **qui est-ce qui**	d) **qui** e) **qui est-ce que** f) **…qui**	j) **qui** k) **…qui**
もの	c) **qu'est-ce qui**	g) **que** h) **qu'est-ce que** i) **…quoi**	l) **qu'est-ce que** m) **…quoi**

- 主語以外は原則として3通りの言い方（主語と動詞の倒置、疑問詞の後に **est-ce que** をつける、イントネーション）が可能。
- 直接目的補語と属詞の疑問代名詞は同じだが、属詞では qui est-ce que と que は習慣的に用いない。

主語　　　　　a) **Qui** chante ?
　　　　　　　b) **Qui est-ce qui** chante ?　　　　c) **Qu'est-ce qui** ne marche pas ?

直接目的補語　d) **Qui** cherchez-vous ?　　　　　g) **Que** cherchez-vous ?
　　　　　　　e) **Qui est-ce que** vous cherchez ?　h) **Qu'est-ce que** vous cherchez ?
　　　　　　　f) Vous cherchez **qui** ?　　　　　　i) Vous cherchez **quoi** ?

属詞　　　　　j) **Qui** est-ce ?
　　　　　　　………　　　　　　　　　　　　　l) **Qu'est-ce que** c'est ?
　　　　　　　k) C'est **qui** ?　　　　　　　　　m) C'est **quoi** ?

- 主語・直接目的補語・属詞以外の場合の疑問と選択の疑問代名詞（lequel…）→補遺 p.64〜65

9-2 疑問副詞　　CD 45

quand	**Quand** partez-vous ? **Quand** est-ce que vous partez ? Vous partez **quand** ?
où	**Où** allez-vous ?
pourquoi	**Pourquoi** est-ce qu'il ne vient pas ? —**Parce qu**'il est malade.
comment	Marie voyage **comment** ?
combien	**Combien** de frères et sœurs avez-vous ?

- どの疑問副詞でも原則として3通りの疑問形が可能。

⇨ EXERCICES 9

1 9-1 （ ）のなかに適切な疑問代名詞を書き入れなさい。

1. だれ （　　　　　　　） est-ce ?
2. なにを （　　　　　　　） tu sais* ?
3. なにが （　　　　　　　） arrive ?
4. だれが （　　　　　　　） ne peut pas venir ?
5. なに C'est （　　　　　　　） ?

2 9-1 下線部が答えとなるような疑問文を 3 つの形で作りなさい。

Je prends <u>une tarte aux pommes</u>. →
（tu を主語に）　　　　　　　　　　→
　　　　　　　　　　　　　　　　　→

3 9-2 （ ）のなかに適切な疑問副詞を書き入れなさい。

1. いつ　　　　（　　　　　　　） vient-il ?
2. なぜ　　　　（　　　　　　　） connaissez*-vous mon oncle ?
3. どこへ　　　（　　　　　　　） est-ce que tu vas après les cours ?
4. どのような　Elle est （　　　　　　　） ?
5. いくつの　　（　　　　　　　） de tomates achetez-vous ?

⇨ THÈME 9

何を選びますか？（vous を主語に。3 つの形で）

⇨ DICTÉE 9

CD 46

_____ qu'elle _____ ____ Paris ? — _____ ____ _____ _____ .

＊不規則活用動詞   CD 47

savoir			connaître		
je	**sais**	nous **savons**	je	**connais**	nous **connaissons**
tu	**sais**	vous **savez**	tu	**connais**	vous **connaissez**
il/elle	**sait**	ils/elles **savent**	il/elle	**connaît**	ils/elles **connaissent**

⇨ Leçon 10

10-1 疑問形容詞

	s.	pl.
m.	quel	quels
f.	quelle	quelles

Quel âge avez-vous ?
Quelle est votre adresse ?
Quelles sont ces fleurs ?

◆ 感嘆文でも使われる。　　Quel charmant jeune homme !
◆ 前置詞がつく場合がある。　De quelle revue parlez-vous ?

10-2 形容詞と副詞の比較級

優等比較	plus	…	que
同等比較	aussi	…	que
劣等比較	moins	…	que

◆ 形容詞・副詞とも同じ

形容詞　Paul est　plus　grand　que Jean.
　　　　Jean est　aussi　grand　qu'Eric.
　　　　Eric est　moins　grand　que Paul.

副詞　　Paul nage　plus　vite　que Jean.
　　　　Jean nage　aussi　vite　qu'Eric.
　　　　Eric nage　moins　vite　que Paul.

◆ 特殊な優等比較級の形を持つもの：bon(ne)(s)→meilleur(e)(s), bien→mieux
　　Ce gâteau-ci est meilleur que ce gâteau-là.　　Marie danse mieux que Jeanne.
　　同等比較と劣等比較 [aussi bon(ne)(s), moins bon(ne)(s), aussi bien, moins bien] はそのまま使う。

10-3 形容詞と副詞の最上級

形容詞　(le/la/les) + plus/moins … + de
　Paul est　le plus　grand
　Marie est　la plus　grande　de la classe.
　Ils sont　les moins　grands

副詞　le + plus/moins … + de
　Paul nage
　Marie nage　　le plus vite
　Paul et Marie nagent　le moins vite　de la classe.

◆ bon の優等最上級は le meilleur, la meilleure, les meilleur(e)s. bien の優等最上級は le mieux
　　Qui est le meilleur footballeur du monde ?　　Qui chante le mieux de la classe ?

⇨ EXERCICES 10

1 10-1 （　）のなかに適切な疑問形容詞を書き入れなさい。

1. (　　　　　) sont ces livres ?
2. (　　　　　) couleur préfère-t-elle ?
3. (　　　　　) professeur voyez*-vous ce soir ?

2 10-2 （　）のなかに適切な比較の表現を書き入れなさい。

1. Un kilo de sucre est (　　　) lourd (　　　) un kilo de sel.
2. Les éléphants sont (　　　) gros (　　　) les chiens.
3. Une pomme coûte (　　　) cher (　　　) un melon.

3 10-3 例にならい、最上級の文を作りなさい。

例　Cette fleur est jolie.（優等）(de ce jardin)
　　→ Cette fleur est la plus jolie de ce jardin.

1. Sarah commence* le travail tard.（優等）(de nous tous)
　→
2. Cette chambre est chère.（劣等）(de cet hôtel)
　→
3. Qui travaille bien ?（優等）(de vos enfants)
　→

⇨ THÈME 10

あなたはどの辞書（dictionnaire *m.*）を選びますか？

⇨ DICTÉE 10

CD 51

Ce dictionnaire-ci _____ _____ -là, mais _____ _____ .

＊不規則活用動詞

CD 52

voir				commencer			
je	**vois**	nous	**voyons**	je	**commence**	nous	**commençons**
tu	**vois**	vous	**voyez**	tu	**commences**	vous	**commencez**
il/elle	**voit**	ils/elles	**voient**	il/elle	**commence**	ils/elles	**commencent**

Leçon 11

11-1 命令法

直説法現在形から作られ、tu, nous, vous の3つの人称がある。nous は、「〜しましょう」の意。

	chanter	finir
(tu)	Chante !	Finis !
(nous)	Chantons !	Finissons !
(vous)	Chantez !	Finissez !

Chante bien !
Finissons ce travail !
Ne chantez *pas* cette chanson !

- 直説法現在形から主語を除いた形。tu の活用が–es で終わる動詞（第1群規則動詞と若干の不規則動詞）および aller では、tu に対する命令で活用語尾の–s を除く。

- être, avoir は例外　être ：**sois, soyons, soyez**　Soyons sérieux !
　　　　　　　　　　avoir ：**aie, ayons, ayez**　N'aie pas peur !

11-2 非人称構文

a. 天候

Il *pleut*.（pleuvoir）
Il *neige*.（neiger）
Il *fait* beau.（mauvais, chaud, froid, *etc*）

b. 時刻

Il *est* trois heures.
Il *est* deux heures cinq.
- 時刻の表現→補遺 p. 63

c. その他

falloir：Il *faut* du temps.
　　　　　Il *faut* partir.

Il *y a* ：　　　　　　　　Il *y a* des oiseaux dans le jardin.
Il *est* + 形容詞 + *de* + 不定形：Il *est* interdit *de* fumer.
Il + 自動詞 + 意味上の主語：　Il manque 6 euros.

EXERCICES 11

1. **11-1** 命令法の文に書き改めなさい。

   1. Vous mangez* bien. →
   2. Tu écoutes bien cette dame. →
   3. Nous ne commençons pas tout de suite. →

2. **11-2** a. 例にならい、（ ）のなかの表現を用いて質問に答えなさい。

   例　Quel temps fait-il ?（beau）　→　Il fait beau.

   1. Quel temps fait-il ?（chaud）　→
   2. Quel temps fait-il ?（pleuvoir）　→
   3. Quel temps fait-il ?（frais）　→

3. **11-2** c. il est か il faut か、適切なほうを（ ）のなかに書き入れなさい。

   1. (　　　　) dire* la vérité.
   2. (　　　　) trois heures dix.
   3. (　　　　) arriver à l'heure.
   4. (　　　　) dangereux de rouler vite.

THÈME 11

いい天気です。すぐ出発しましょう。

DICTÉE 11

Pour maigrir, ＿＿＿ ＿＿＿＿＿ ＿＿＿＿ ＿＿＿＿＿gâteaux !　Et ＿＿ ＿＿＿＿
（痩せるためには）
＿＿＿＿＿＿ ＿＿ ＿＿＿＿＿.

*不規則活用動詞

manger				dire			
je	**mange**	nous	**mangeons**	je	**dis**	nous	**disons**
tu	**manges**	vous	**mangez**	tu	**dis**	vous	**dites**
il/elle	**mange**	ils/elles	**mangent**	il/elle	**dit**	ils/elles	**disent**

Leçon 12

12-1　過去分詞　　　CD 57

| -**er** 動詞：—**er** → —**é** | aimer → aimé　donner → donné |
| -**ir** 動詞：—**ir** → —**i** | finir → fini　choisir → choisi |

- 不定形が—er で終わる動詞はすべて—é：aller → allé
- 不定形が—ir で終わる不規則活用動詞は必ずしも—i にはならない。

être → été　　avoir → eu　　partir → parti　　attendre → attendu
faire → fait　prendre → pris　venir → venu　　pouvoir → pu
vouloir → voulu　savoir → su　connaître → connu
voir → vu　　dire → dit

12-2　直説法複合過去　　　CD 58

助動詞（**avoir** か **être**）の直説法現在 + 過去分詞

a. 助動詞に **avoir** を用いる動詞：すべての他動詞、大部分の自動詞

danser	
j'ai dansé	nous avons dansé
tu as dansé	vous avez dansé
il/elle a dansé	ils/elles ont dansé

b. 助動詞に **être** を用いる動詞：一部の自動詞（移動、状態の変化を表すもの）と代名動詞（→Leçon 16）

partir	
je suis parti(e)	nous sommes parti(e)s
tu es parti(e)	vous êtes parti(e)(s)
il est parti	ils sont partis
elle est partie	elles sont parties

- 移動、状態の変化を表す一部の自動詞：aller, venir, entrer, sortir, partir, arriver, rester, rentrer, monter, descendre, naître, mourir など（辞書に［助動詞は être］の表示がある）
- 過去分詞は常に主語の性・数に一致する（主語が女性：—e、男性複数：—s、女性複数：—es）

c. 否定形と倒置疑問形

Je *n'ai pas* vu Marie.　　　　　Elles *ne* sont *pas* allées au cinéma.
Avez-vous vu Marie ?　　　　　Sont-elles allées au cinéma ?
N'avez-vous *pas* vu Marie ?　　Ne sont-elles *pas* allées au cinéma ?

⇨ EXERCICES 12

1 12-1 （　）のなかに過去分詞を書き入れなさい。

1. chanter →（　　　） 2. réussir →（　　　） 3. voir →（　　　）
4. prendre →（　　　） 5. aller →（　　　） 6. partir →（　　　）
7. venir →（　　　） 8. pouvoir →（　　　） 9. faire →（　　　）

2 12-2 a. 助動詞 avoir を使って動詞を複合過去形にしなさい。

1. chercher : j'（　　　　　）　nous（　　　　　）
2. grandir : tu（　　　　　）　vous（　　　　　）
3. avoir : il（　　　　　）　elles（　　　　　）

3 12-2 b. 助動詞 être を使って動詞を複合過去形にしなさい（主語の性数は［　］の指示に従うこと）。

1. aller : tu（　　　　　）［女性］ vous（　　　　　）［男女］
2. sortir : elle（　　　　　）　ils（　　　　　）
3. monter : je（　　　　　）［男性］ nous（　　　　　）［女複］

4 12-2 c. （　）のなかの動詞を複合過去形にしなさい。

1. Nous（finir →　　　　　）notre travail.
2. Hier, ils（visiter →　　　　　）ce musée.
3. Elle（ne pas arriver →　　　　　）ce matin.
4. Vous（être →　　　　　）malade ?
5. Tu（ne pas prendre →　　　　　）ton petit déjeuner ?

⇨ THÈME 12

彼女は傘（parapluie, m.）を手に取り、出かけました。

⇨ DICTÉE 12

Hier, Marie ＿＿＿＿＿＿＿ ＿＿＿＿＿＿＿. ＿＿＿＿＿ ＿＿＿＿＿ ＿＿＿＿＿ Musée du Louvre.
（ルーブル美術館に）

CIVILISATION III　　　　　　　　　　　フランスの歴史

（　）内は日本のおおまかな時代区分

縄文〜飛鳥	BC500年頃までにガリア人が定住	
	BC50	ローマに征服される
	476	西ローマ帝国崩壊
	481	クロヴィス、フランク族の王となる
	496頃	クロヴィス、キリスト教に改宗
奈良・平安	（710〜 奈良時代、794〜 平安時代）	
	843	フランク王国三分割
	1096	第一次十字軍
鎌倉・室町	（1185〜 鎌倉時代、1336〜 室町時代）	
	1339	百年戦争（〜1453）
	1562	宗教戦争（〜98）
江戸時代	（1603〜 江戸時代）	
	1643	ルイ14即位
	1789	バスチーユ襲撃　大革命
	1804	ナポレオン、皇帝に即位
	1814	王政復古
	1830	7月革命　アルジェリア出兵
	1848	2月革命　共和政　奴隷制廃止
	1851	第二帝政　以後、第一次世界大戦まで、アフリカ・アジアで植民地化を押し進める
明治	（1868〜 明治時代）	
	1870	普仏戦争（〜71）
	1871	パリ・コミューン　第三共和政
	1905	政教分離法
大正	（1912〜 大正）	
	1914	第一次世界大戦（〜18）
昭和	（1926〜 昭和）	
	1939	第二次世界大戦（〜45）
	1940	パリ陥落　対独協力政府
	1941	レジスタンス拡がる
	1944	パリ解放　女性参政権
	1946	インドシナ戦争（〜54）
	1954	アルジェリア戦争（〜62）
	1956	チュニジア、モロッコ独立
	1960	仏領アフリカ諸国多数独立
	1962	アルジェリア独立
	1968	5月革命
	1993	EU発足
平成	（1989〜 平成）	
	1999	PACS（連帯市民協約）法（結婚よりも制約の少ないカップル法。性の異同を問わない）
	2000	パリテ法（候補者男女同数法）
	2002	通貨ユーロの流通開始
	2004	公立学校での宗教的標章の着用を禁止する法
	2005	パリ郊外暴動
	2010	公共の場で顔全体を覆う服を禁止する法
	2013	結婚制度を同性にも適用開始
	2015	シャルリー・エブド襲撃事件　パリ同時多発テロ

■ フランス人の成り立ち

　BC500年頃までにケルト系のガリア人が現在のフランスの地に定住。BC2世紀頃からローマ人が植民し、やがてローマの属国になった。

　ゲルマン人の侵入、西ローマ帝国の崩壊を経て、現在のドイツ、フランス、イタリアにまたがる大フランク王国が成立、それが9世紀に三分割され、現在のフランス国家の始まりとされる王国が成立した。

　しかしその後も、西ヨーロッパの中心にあるフランスは、人々の行きかう交差点であり続けた。また17世紀以降、国家が本格的に世界各地に進出。当時、先住民や、アフリカ出身の奴隷には完全な市民権は与えられなかったが、後にその子孫たちがフランス人となるきっかけを作った。

　19世紀以降、ヨーロッパ諸国の人々の移動はさらに盛んになり、20世紀後半からは旧植民地の住民たちが多くフランス本土に定住した。

　こうして、そもそもヨーロッパ人たちの混交から生じた「フランス人」は、ヨーロッパ以外の出自の人々を包含しながら、生成し続けている。

フランスの成り立ち

■ 国境の成り立ち

　9世紀、フランスの始まりとされる西フランク王国は、現在のフランス本土よりかなり小さく、その後、フランス王の支配する地域は戦争や王族の婚姻により大きく変化し続けた。大革命後も、戦争のたびに国境は変化し、現在の国境は第二次世界大戦後のもの。

Lecture　国境に暮らした家族の思い出

« Le grand-père Futsch »
De 1870 à 1945, l'Alsace a connu trois guerres et deux défaites suivies de deux périodes d'occupation allemande. À ce moment-là, les Alsaciens sont devenus* citoyens allemands. Ainsi, ils ont changé 5 fois de nationalité sans déménager. Mon arrière-grand-père a changé trois fois.

« Le grand-père Futsch », mon arrière-grand-père, est né français en 1865.
Il a été citoyen allemand de 1870 à 1918.
À 6 ans, quand il est rentré à l'école, il a appris à lire, à écrire et à compter en allemand. À la maison, ses parents ont continué à parler français. À l'âge du service militaire, il a servi* dans la garde impériale du Kaiser Guillaume II**. Son frère aîné a préféré émigrer aux États-Unis.

Joseph Futsch est devenu* tailleur. Il a épousé Joséphine Bissinger, alsacienne comme lui. Ils ont eu quatre enfants, nés citoyens allemands.
En 1914, au début de la première guerre mondiale, le grand-père Futsch a fait 40 jours de prison pour avoir chanté « la Marseillaise » en public à Mulhouse.

Il est redevenu* français en 1918.
Une fois en retraite, Joseph et sa femme sont allés habiter chez leur fille et leur gendre, en Franche-Comté, région voisine de l'Alsace. Sa femme est morte* en 1929.

Il a vu l'occupation allemande de l'Alsace en 1940, pendant la seconde guerre mondiale. Il est mort* en 1944, trois jours après le débarquement allié, heureux de la défaite de l'Allemagne et de la libération de l'Alsace.

*devenu, devenus → devenir　　servi → servir　　redevenu → redevenir　　mort, morte → mourir
**Kaiser Guillaume II：ドイツ皇帝ヴィルヘルムII世

⇨ Leçon 13

13-1　人称代名詞の目的補語形　　　　　　　　　　　　　　　　　　　　　CD 60

主　語	直接目的補語	間接目的補語	強　勢　形
je (j')	me (m')		moi
tu	te (t')		toi
il	le (l')	lui	lui
elle	la (l')	lui	elle
nous	nous		nous
vous	vous		vous
ils	les	leur	eux
elles	les	leur	elles

◆ 間接目的補語形は一般に人間に関してのみ使われる（物に関しては→Leçon17：中性代名詞）。

目的補語人称代名詞の位置

a. 肯定命令形以外では動詞（および助動詞→Leçon14）の直前に置く。

　　Je cherche mon père.　　　　　　→　Je **le** cherche.
　　Il donne ces roses à son amie.　　→　Il **les** donne à son amie.
　　Vous téléphonez à vos parents ?　→　Vous **leur** téléphonez ?
　　Il donne ces roses à son amie.　　→　Il **lui** donne ces roses.

b. 否定形と倒置疑問形

　　Je ne **le** cherche pas.　　　　　Il ne **lui** donne pas ces roses.
　　Les donne-t-il à son amie ?　　**Leur** téléphonez-vous ?

c. 肯定命令形

動詞の後に置き、- で結ぶ。me, te は moi, toi（toi に関しては→ Leçon 16：代名動詞の活用）に変わる。

　　Ferme la porte.　　　　　　　　→　Ferme-**la**.
　　Téléphonez à votre mère.　　　　→　Téléphonez-**lui**.
　　Donne ce livre à ton frère.　　　→　Donne-**le** à ton frère.
　　Donne ce livre à ton frère.　　　→　Donne-**lui** ce livre.
　　Donne-**moi** ce livre.

◆ 否定命令形では動詞の前。me, te は無変化：Ne **me** donne pas ton rhume.
◆ 目的補語人称代名詞の併用→補遺 p. 65

13-2　人称代名詞の強勢形　　　　　　　　　　　　　　　　　　　　　　　CD 61

人称代名詞は、主語、直接目的補語、間接目的補語以外の位置では強勢形になる。

主語や直接目的補語の強調　　**Moi**, je pars et **toi**, tu restes.
属詞　　　　　　　　　　　　Oui, c'est **moi**.
前置詞の後　　　　　　　　　Je viens avec **lui**.

⇨ EXERCICES 13

1 13-1 下線部を目的補語人称代名詞にして（ ）のなかに書き入れなさい。

1. Elle regarde cette maison. → Elle (　　) regarde.
2. Je téléphone à mon ami. → Je (　　) téléphone.
3. Il n'aime pas ce pull. → Il ne (　　) aime pas.
4. Elle montre ces tableaux à ses sœurs. → Elle (　　) montre à ses sœurs.
5. Elle montre ces tableaux à ses sœurs. → Elle (　　) montre ces tableaux.
6. Voulez-vous ces CD ? → (　　) voulez-vous ?
7. Prête ton dictionnaire à ton camarade. → Prête-(　　) à ton camarade.
8. Ne dites rien à vos parents. → Ne (　　) dites rien*. (ne…rien なにも〜ない)

2 13-2 下線部を強勢形人称代名詞にして文を書き換えなさい。

1. Je vais chez mon frère. →
2. C'est ma sœur. →
3. Je pars avec mes amis. →

⇨ THÈME 13

私はあなたにこの本をあげます。

⇨ DICTÉE 13

CD 62

Vous connaissez Sarah ? — ＿＿＿, ＿＿ ＿＿ ＿＿＿＿＿. ＿＿＿ ＿＿＿ sympa.
（感じがいい）

Leçon 14

14-1　複合過去と目的補語人称代名詞　　　　　　　　　　　　　　CD 63

複合過去の文では、目的補語人称代名詞は助動詞の前に置かれる。

　　Il a choisi ce pull.　　→　Il l'a choisi.
　　J'ai téléphoné à ma sœur.　→　Je lui ai téléphoné.

否定文・倒置疑問文

　　Il ne l'a pas choisi.　L'a-t-il choisi ?
　　Je ne lui ai pas téléphoné.　Lui avez-vous téléphoné ?

◆ 複合過去以外の複合時制（直説法前未来、直説法大過去、条件法過去、接続法過去など→補遺 p. 66, p. 67）についても同様に目的補語人称代名詞は助動詞の前に置かれる。

14-2　複合過去と過去分詞の一致（まとめ）　　　　　　　　　　　CD 64

a. 助動詞が **être** の場合、過去分詞は常に主語の性・数に一致する（Leçon12 の復習）。

　Il est parti.
　Elle est partie.
　Ils sont partis.
　Elles sont parties.

◆ 代名動詞→leçon 16

b. 助動詞が **avoir** の場合、直接目的補語が動詞の前にあれば、過去分詞は直接目的補語に性・数一致する。

　J'ai vu ton père.　　→　Je l'ai vu.
　J'ai vu ta mère.　　→　Je l'ai vue.
　J'ai vu tes frères.　→　Je les ai vus.
　J'ai vu tes sœurs.　→　Je les ai vues.
　Quels tableaux avez-vous vus ?

◆ 間接目的補語が動詞の前にあっても過去分詞は間接目的補語には一致しない。
　　J'ai téléphoné à ma mère.　→　Je lui ai téléphoné.

⇨ EXERCICES 14

1 14-1 下線部を目的補語人称代名詞にして文を書き改めなさい。

1. J'ai parlé à mes parents. →
2. Tu as vu ce film ? →
3. Elle n'a pas acheté ce vélo. →
4. Avez-vous promené* votre chien ? →
5. Il a prêté ce dictionnaire à son camarade.
   →
6. Vous avez prêté ce dictionnaire à votre camarade ?
   →

◆ promener : acheter と同じ型の活用

2 14-2 下線部を目的補語人称代名詞にして文を書き改めなさい。

1. Elle a pris cette robe. →
2. Tu as téléphoné à tes amis ? →
3. Nous avons demandé le chemin à ce garçon. →
4. Il n'a pas trouvé ses lunettes. →
5. Avez-vous raconté cette histoire à votre mari ?
   →
6. J'ai bien* aimé cette exposition. →

◆ 複合過去の時、副詞の多く（bien, beaucoup, déjà, encore, souvent, etc.）は助動詞と過去分詞の間に置かれる。

⇨ THÈME 14

きみはそのメガネを選んだの？ —うん、それを選んだ。

_____

⇨ DICTÉE 14   CD 65

_____ _____ _____ Madame Suzuki ? —Non, ___ ___ ___ _____ ____,

mais ___ ___ ___ _____ .

⇨ Leçon 15

15-1 関係代名詞

qui 　関係詞節の主語となる。先行詞は人でも物でも。
J'aime la robe qui est dans la vitrine.　　（J'aime la robe.）（La robe est dans la vitrine.）

que（qu'） 　関係詞節の直接目的補語および属詞となる。先行詞は人でも物でも。
J'aime la robe que tu portes.　　（J'aime la robe.）（Tu portes la robe.）

dont 　〈前置詞 de ＋先行詞〉に代わる。先行詞は人でも物でも。
Voilà la robe dont je t'ai parlé.　　（Voilà la robe.）（Je t'ai parlé de la robe.）

où 　場所や時を表す状況補語に代わる。
Je vais visiter la ville où Marie-Antoinette est née.
（Je vais visiter la ville.）（Marie-Antoinette est née dans cette ville.）

Je ne peux pas oublier le jour où ma grand-mère est morte.
（Je ne peux pas oublier ce jour-là.）（Ma grand-mère est morte ce jour-là.）

◆ 前置詞＋関係代名詞→補遺 p. 66

15-2 強調構文

主語の強調：　　　　　　　**C'est**（**Ce sont**）＋主語＋**qui**...
それ以外の部分の強調：**C'est**（**Ce sont**）＋強調する部分＋**que**（**qu'**）...

Luc a visité ce musée avec sa mère.
　a.　　　　b.　　　　　c.

a. **C'est** Luc **qui** a visité ce musée avec sa mère.
b. **C'est** ce musée **que** Luc a visité avec sa mère.
c. **C'est** avec sa mère **que** Luc a visité ce musée.

◆ 人称代名詞は強勢形になる：
Je suis allé chez toi. → C'est moi qui suis allé chez toi.

15-3 指示代名詞

	s.	pl.
m.	celui	ceux
f.	celle	celles

Voilà mon livre et celui（＝le livre）de Françoise.
Voici tes lunettes et celles（＝les lunettes）de Jean.

◆ -ci, -là をつけてふたつのものを対立させることができる（cf.：Leçon 7 指示形容詞）
Voici des chapeaux. Je préfère celui-ci à celui-là.

◆ 代わるべき既出名詞がなく、関係詞節をしたがえて「～の人（々）」の意で使われることがある
Ceux qui ont bien travaillé vont réussir l'examen.

➪ EXERCICES 15

1 15-1 （　）のなかに適切な関係代名詞を書き入れなさい。

1. Voici les chaussures (　　　) j'ai achetées hier.
2. Vous prenez l'avion (　　　) part à 13 heures ?
3. Voilà la maison (　　　) il a passé son enfance.
4. Tu vois la jeune fille (　　　) danse là-bas ?
5. Je connais un garçon (　　　) la mère est députée.
6. C'est le matin (　　　) il y a eu cet accident.

2 15-2 下線部を強調する文を作りなさい。

1. Éric va partir aux États-Unis. →
2. Je n'aime pas le fromage. →
3. Tu as vu ce film hier ? →

3 15-3 （　）のなかに適切な指示代名詞を書き入れなさい。

1. Voici ma mère et voilà (　　　) de Claire.
2. Il y a vos vêtements et (　　　) de François.
3. Ce tableau est (　　　) d'un ami.

➪ THÈME 15

その都市に行ったのは私です。

➪ DICTÉE 15

_____ _____ _____ _____ _____ à Shinjuku hier. _____ _____

_____ , non ?

Leçon 16

16-1 代名動詞の活用

代名動詞：再帰代名詞 (me, te, se, nous, vous) を伴う動詞

a. 直説法現在

se coucher			
je	me couche	nous	nous couchons
tu	te couches	vous	vous couchez
il/elle	se couche	ils/elles	se couchent

否定形：Je ne me couche pas.　　倒置疑問形：Se couche-t-il ?
肯定命令形：Couche-toi.（te→toi）　Couchons-nous.　Couchez-vous.

b. 直説法複合過去

se coucher			
je	me suis couché(e)	nous	nous sommes couché(e)s
tu	t'es couché(e)	vous	vous êtes couché(e)(s)
il	s'est couché	ils	se sont couchés
elle	s'est couchée	elles	se sont couchées

助動詞は être：再帰代名詞が直接目的補語の時、過去分詞は主語の性数に一致する。

16-2 代名動詞の用法

a. 再帰的用法：自分を（自分に）～する
　Elle se couche.　　　Elle s'est couchée.　（cf. Elle couche son bébé.）
　Elle se lave.　　　　Elle s'est lavée.　（cf. Elle lave son chien.）
　Elle se lave les mains.　Elle s'est lavé les mains.

b. 相互的用法：～し合う
　Ils s'aiment.　　　　Ils se sont aimés.　（cf. Il aime cette fille.）
　Ils se téléphonent.　Ils se sont téléphoné.　（cf. Il téléphone à son frère.）

c. 受動的用法：（主語は物・事）～される。se は直接目的補語とみなされる。
　La porte se ferme.　La porte s'est fermée.　（cf. On ferme la porte.）
　Le français se parle aussi en Suisse.　（cf. On parle français aussi en Suisse.）

d. 本質的代名動詞（代名動詞としての用法しかもたないもの、代名動詞になると独自の意味をもつもの）：se は直接目的補語とみなされる。
　Il se moque de toi.　Il s'est moqué de toi.
　Elles s'en vont.　　Elles s'en sont allées.

⇨ EXERCICES 16

1 16-1 a. （ ）のなかの代名動詞を直説法現在形に活用させ、全文を書き改めなさい。

1. Elle（se porter）bien ? →
2. Vous（s'appeler*）Marie ? →
3. Nous（se lever*）tôt tous les jours. →
4. （se dépêcher）. (tu に対する命令に) →
5. Ils（ne pas se souvenir*）de moi ? →

   ◆ lever : acheter と同じ型の活用　　◆ souvenir : venir と同じ型の活用

2 16-1 b. 複合過去の文に書き改めなさい。

1. Elle s'amuse bien à Paris.　　　　　　　　　　　　　　　　(se＝直接目的補語)
   →
2. Je me brosse les dents.　　　　　　　　　　　　　　　　　(se＝間接目的補語)
   →
3. Tout se passe bien.　　　　　　　　　　　　　　　　　　　(se＝直接目的補語)
   →
4. Marie et Thomas ne se parlent pas longtemps.　　　　　　　(se＝間接目的補語)
   →

⇨ THÈME 16

私たちは毎日、電話をかけ合います。

⇨ DICTÉE 16

_____ ___ _____ ___ onze heures tous les soirs, mais hier, ___ _____ _____

_____ et ___ ___ _____ _____ __ _____ _____ .

＊不規則活用動詞

(s')appeler			
j'(je m')appelle		nous	(nous‿)appelons
tu (t')appelles		vous	(vous‿)appelez
il/elle (s')appelle		ils/elles	(s')appellent

Leçon 17

17-1 直説法単純未来

donner			
je	donne**rai**	nous	donne**rons**
tu	donne**ras**	vous	donne**rez**
il/elle	donne**ra**	ils/elles	donne**ront**

単純未来の語尾 （すべての動詞に共通）			
je	—rai	nous	—rons
tu	—ras	vous	—rez
il/elle	—ra	ils/elles	—ront

語幹 -er 動詞、-ir 動詞とも、不定形から語尾の -r を除いたもの。
不規則活用に関しては例外が多い。

être → se-　　avoir → au-　　aller → i-　　venir → viend-　　faire → fe-
prendre → prend-　　voir → ver-　　pouvoir → pour-　　vouloir → voud-　　etc.

用法 不確実な未来：Je serai médecin quand je serai grande.
（*cf.* 近接未来：確実で近い未来　Je vais finir mon internat de médecine l'année prochaine.）
二人称に対して軽い命令：Vous viendrez me voir demain matin.

◆ 直説法前未来→補遺 p. 66

17-2 中性代名詞 le, en, y

le 属詞、不定詞、節などに代わる

Elles sont <u>françaises</u>. → Elles le sont.
Vous pouvez <u>partir</u> ? → Vous le pouvez ?
Je sais <u>qu'il est malade</u>. → Je le sais.

en

ⅰ）〈de + 名詞など〉に代わる

Il est content <u>de ta lettre</u>. → Il en est content.
Nous avons parlé <u>de son roman</u>. → Nous en avons parlé.

ⅱ）不定冠詞、部分冠詞、数詞、数量副詞のついた直接目的補語に代わる

J'ai <u>des chocolats</u>. → J'en ai.　　J'ai <u>une</u> maison. → J'en ai une.
J'ai <u>du café</u>. → J'en ai.　　J'ai beaucoup <u>d'eau</u>. → J'en ai beaucoup.
Je n'ai pas <u>d'argent</u>. → Je n'en ai pas.

◆ 特定されているものは直接目的補語形の人称代名詞：J'ai la clef.→Je l'ai.

y 〈à および場所を表す前置詞（chez, en, dans, *etc.*）＋名詞など〉（人以外）に代わる。

Je vais <u>à Paris</u>. → J'y vais.
Il n'a pas travaillé <u>en France</u>. → Il n'y a pas travaillé.
Pensez un peu <u>à votre avenir</u>. → Pensez-y un peu.

➡ EXERCICES 17

1 17-1 動詞を単純未来形に活用させなさい。

1. regarder → je _____
2. finir → il _____
3. avoir → elles _____
4. être → nous _____
5. pouvoir → vous _____
6. aller → tu _____

2 17-1 主語を変えて、文を書き改めなさい。

1. La coupe du monde commencera dans un mois.
   → Les vacances _____

2. Tu me prêteras ce livre.
   → Vous _____

3. Ils ne viendront pas à Tokyo cet été.
   → Elle _____

3 17-2 下線部を中性代名詞（le, en, y）にして答えなさい。

1. Tu veux trois crayons ? → Oui, _____
2. Vous avez acheté des pommes ? → Non, _____
3. Tu dois* aller à l'hôpital ? → Oui, _____
4. Ils ne sont pas pauvres ? → Non, _____
5. Il a peur des chiens ? → Oui, _____

➡ THÈME 17

来年（l'année prochaine）、私は20歳になり、妹は18歳になります。（en を使って）

➡ DICTÉE 17

CD 76

_____ _____ _____ _____ _____ ? —Oui, ___ _____.

＊不規則活用動詞

CD 77

devoir			
je	dois	nous	devons
tu	dois	vous	devez
il/elle	doit	ils/elles	doivent

CIVILISATION IV　　　　さまざまな言葉

ルネ・デカルト

«Je pense, donc je suis.»
René Descartes, *Discours de la méthode*, 1637
我思う、ゆえに我あり。(『方法序説』)

ブレーズ・パスカル

«L'homme n'est qu'un roseau, le plus faible de la nature, mais c'est un roseau pensant.»
Blaise Pascal, *Pensées*, 1670
人間は一本の葦にすぎない。自然の中でもっとも弱い。しかしそれは考える葦である。(『パンセ』)

«L'État, c'est moi.» attribué à Louis XIV
朕は国家なり。(ルイ14世の発言とされる)

ルイ14世

Lecture　名作に触れる

ミッシェル・ド・モンテーニュ

Si j'avais à revivre, je revivrais comme j'ai vécu ; et je ne regrette pas le passé ni ne crains l'avenir. Et si je ne m'abuse, il en est allé au dedans 〔de moi〕 comme au dehors. L'un des principaux sujets de reconnaissance que j'aie à « ma fortune », c'est que le cours de mon état corporel ait été conduit de façon que chaque chose 〔a eu lieu〕 en son temps. J'en ai vu l'herbe et les fleurs et le fruit ; et maintenant j'en vois l'état de sécheresse. C'est heureux, puisque c'est naturel. Je supporte bien plus commodément les maux que j'ai parce qu'ils arrivent en leur temps et qu'ils me font aussi plus agréablement souvenir de la longue félicité de ma vie passée.
Montaigne, *Les Essais*, livre III, 1588 (adaptation en français moderne par André Lanly, Montaigne *Les Essais*, édition complète, Gallimard, 2009, p.989)

«Les hommes naissent et demeurent libres et égaux en droits.»
Déclaration des Droits de l'Homme et du Citoyen, 1789
人は、自由、かつ、権利において平等なものとして生まれ、生存する。(『人および市民の権利宣言』)

フランツ・ファノン

«O mon corps, fais de moi toujours un homme qui interroge !»
Frantz Fanon, *Peau noire, masques blancs*, 1951
おお、私の身体よ、私を常に問う人間であり続けさせてくれ！　(『黒い皮膚、白い仮面』)

«Un homme sur deux est une femme.»
slogan, MLF
二人の人間のうち、一人は女性。
(1970年代ウーマン・リブのスローガン)

コレット

« Tu as lu cette histoire de fantôme, Minet-Chéri* ? Comme c'est joli, n'est-ce pas ? Y a-t-il quelque chose de plus joli que cette page où le fantôme se promène à minuit, sous la lune, dans le cimetière ? Quand l'auteur dit, tu sais, que la lumière de la lune passait au travers du fantôme et qu'il ne faisait pas d'ombre sur l'herbe… Ce doit être ravissant, un fantôme. Je voudrais bien en voir un, je t'appellerais. Malheureusement ils n'existent pas. Si je pouvais me faire fantôme après ma vie, je n'y manquerais pas, pour ton plaisir et pour le mien. Tu as lu aussi cette stupide histoire d'une morte qui se venge ? Se venger, je vous demande un peu ! Ce ne serait pas la peine de mourir, si on ne devenait pas plus raisonnable après qu'avant. Les morts, va, c'est un bien tranquille voisinage. Je n'ai pas de tracas avec mes voisins vivants, je me charge de n'en avoir jamais avec mes voisins morts ! »
Colette, *La maison de Claudine*, 1922 (Colette, *Œuvres*, II, Gallimard, « Pléiade », p.989-990)

＊Minet-Chéri と呼ばれる子供時代の作者に母が語る。

⇨ Leçon 18

18-1　直説法半過去の活用　　　　　　　　　　　　　　　　　　　　CD 78

parler			
je	**parlais**	nous	**parlions**
tu	**parlais**	vous	**parliez**
il/elle	**parlait**	ils/elles	**parlaient**

半過去の語尾（すべての動詞に共通）			
je	—**ais**	nous	—**ions**
tu	—**ais**	vous	—**iez**
il/elle	—**ait**	ils/elles	—**aient**

語幹は直説法現在・一人称複数から語尾の -ons を除いたもの。

- -er : nous aimons　→　aim-　　j'aim*ais*
- -ir : nous finissons　→　finiss-　　je finiss*ais*

◆ 例外は être のみ。: être → ét-

18-2　直説法半過去の用法　　　　　　　　　　　　　　　　　　　　CD 79

a. 過去における状態、継続中の行為

Quand il est venu, je travaillais.
Hier, il faisait froid, mais je suis sorti.
À cette heure-là, je dînais, hier.
(*cf*. Hier, j'ai dîné à 7 heures.)
Avant, j'étais pauvre. Mais le mois dernier, j'ai gagné au loto. Et maintenant, je suis riche.

b. 過去の習慣

Quand j'étais petite, j'allais à l'église tous les dimanches.
(*cf*. Hier, je suis allée à l'église pour un concert de musique religieuse.)

◆ 直説法大過去→補遺 p. 66

➡ EXERCICES 18

1 18-1 動詞を半過去形に活用させなさい。

1. chercher → il _____
2. obéir → nous _____
3. être → j' _____
4. avoir → elles _____
5. partir → vous _____
6. dire → tu _____
7. vouloir → ils _____
8. savoir → elle _____

2 18-2 （　）のなかの動詞を半過去形か複合過去形にして、文を書き改めなさい。

1. Hier, il（pleuvoir 複合過去）.
   → _____

2. Hier, il（pleuvoir 半過去）, mais nous（marcher 複合過去）jusqu'à la mer.
   → _____

3. Il y（avoir 複合過去）un accident ici la semaine dernière.
   → _____

4. Avant, il y（avoir 半過去）une petite église ici.
   → _____

5. Quand on（sonner 複合過去）, je（prendre 半過去）une douche.
   → _____

6. Nous（aller 複合過去）en France, cet été. C'（être 半過去）un très beau voyage.
   → _____

➡ THÈME 18

私が彼に電話した時、彼は仕事中だった。

_____

➡ DICTÉE 18

CD 80

Avant, _____ _____ _____ pour la Saint-Valentin, mais cette année,
（ヴァレンタイン・ディのために）

_____ n'en _____ _____ .

Leçon 19

19-1 受動態

受動態　| **être**＋他動詞の過去分詞＋**par**(**de**)... |

- ◆ 他動詞の過去分詞は主語の性・数に一致。

Paul invite Marie à dîner. → Marie *est invitée* à dîner *par* Paul.

- ◆ 否定形：Marie *n'est pas invitée* à dîner par Paul.
- ◆ 複合過去：〈avoir の現在形＋être の過去分詞＋他動詞の過去分詞〉
  Marie *a été invitée* à dîner par Paul.

動作を示す時は一般に動作主の導入に **par** を用い、感情などの状態を表す時は一般に **de** を用いる。

Tout le monde aime cette vieille dame.
→ Cette vieille dame *est aimée de* tout le monde.

19-2 現在分詞

| **-ant** | 直説法現在の一人称複数の語尾 -ons を -ant に変える。

-er：nous aimons → aim*ant*
-ir：nous finissons → finiss*ant*
語幹の例外：être → ét*ant*　　avoir → ay*ant*　　savoir → sach*ant*

用法

a. 〈qui＋動詞〉に代わる
   J'ai vu ta sœur *sortant*（＝qui sortait）du supermarché avec son ami.

b. 分詞構文：同時性、理由、条件、対立などを表す。（文語的表現）
   Travaillant la nuit, je dors* dans la journée.
   Ils ont quitté le pays, *emportant* seulement une valise.

- ◆ 異なる時制を表すことができる：*Ayant* trop bu* hier, j'ai mal à la tête aujourd'hui.
  絶対分詞構文（独自の主語を取る）：*Son enfant étant* malade, elle reste chez elle.
- ◆ dormir：partir と同じ型の活用
- ◆ bu：boire の過去分詞

19-3 ジェロンディフ

ジェロンディフ　| **en**＋現在分詞 |

用法：同時性、理由、条件、対立等を表す。主語は主節の主語と同じ。

Ils ont quitté le pays *en emportant* seulement une valise.
En travaillant beaucoup, tu réussiras.
J'ai vu ta sœur *en sortant* du supermarché.
Tout en étant malade, il travaille.（対立を表すときは一般に tout を用いる）

EXERCICES 19

1 19-1 能動態の文を受動態の文に書き改めなさい。

1. Les élèves ne respectent pas ce professeur.
   →

2. Une petite troupe de théâtre a donné ce spectacle.
   →

3. On affiche les résultats de l'examen là-bas.（on が主語の時、par 以下は不要）
   →

2 19-2 下線部を現在分詞を使った表現にして文を書き改めなさい。

1. Elle prend la chambre <u>qui donne</u> sur la plage.
   →

2. <u>Comme il avait froid</u>, il a mis* son manteau. ◆ mis : mettre の過去分詞
   →

3 19-3 意味を考えながら、（ ）のなかの動詞をジェロンディフにして文を書き改めなさい。

1. Ma mère fait la cuisine（chanter）.
   →

2. （manger moins）, vous maigrirez.
   →

3. （être très jeune）, il a réussi dans les affaires.
   →

THÈME 19

この歌はみんなに愛されている。

DICTÉE 19

____ _____ _____ __ _____ et _____ .

Leçon 20

20-1 条件法現在の活用

donner			
je	donne**rais**	nous	donne**rions**
tu	donne**rais**	vous	donne**riez**
il/elle	donne**rait**	ils/elles	donne**raient**

条件法現在の語尾（全ての動詞に共通）			
je	—rais	nous	—rions
tu	—rais	vous	—riez
il/elle	—rait	ils/elles	—raient

語尾はすべての動詞に共通
語幹は直説法単純未来の語幹（→ Leçon 17）と同じ

20-2 条件法現在の用法

a. 非現実の仮定や実現可能性の少ない仮定を表す文の中で、想定される結果を表す。

Si + 直説法半過去、条件法現在

S'il *faisait* beau aujourd'hui, je sortirais.
(*cf.* S'il *fait* beau demain, je **sortirai**.)

◆ 条件節は〈si + 直説法半過去〉を用いなくても、ジェロンディフやその他の表現で表すことができる。

En mangeant moins, il maigrirait.
Sans ton aide, je ne pourrais pas réussir.

b. ていねいな表現、また推察および伝聞などの、断言を避ける表現として用いられる。

Je voudrais un kilo de pommes.
Vous ne devriez pas faire tant de bruit.
Pourriez-vous fermer la porte ?

Il ne vient pas : il serait malade.
D'après la météo, il ne devrait pas faire froid cet hiver.

◆ 条件法過去および条件法の時制としての用法→補遺（条件法過去、間接話法）p. 67, 68

⇨ EXERCICES 20

1 20-1 条件法現在形に活用させなさい。

1. parler → je _____
2. finir → tu _____
3. avoir → il _____
4. être → nous _____
5. faire → vous _____
6. prendre → elle _____
7. aller → ils _____
8. vouloir → elles _____

2 20-2 直説法現在形の動詞を条件法現在形にして、文を書き改めなさい。

1. J'aime parler avec vous.
   → _____
2. Vous acceptez de travailler le week-end ?
   → _____
3. Il ne faut pas rentrer trop tard.
   → _____

3 20-2 下線部を半過去形に、波線部を条件法現在形にして、非現実の仮定文に書き改めなさい。

1. Si tu arrives tôt, on pourra déjeuner ensemble.
   → _____
2. Si elle ne l'aide pas, il sera perdu.
   → _____
3. Sans vous, nous n'arriverons pas à réaliser ce projet.
   → _____

⇨ THÈME 20

病気だったら、仕事に行かないのにな。

_____

⇨ DICTÉE 20 CD 87

____ ____ ____ ____ , ____ ____ des promenades et ____ ____ en meilleure santé.

⇨ Leçon 21

21-1　接続法現在の活用

regarder			
que je	**regarde**	que nous	**regard*ions***
que tu	**regardes**	que vous	**regard*iez***
qu'il/elle	**regarde**	qu'ils/elles	**regard*ent***

接続法現在の語尾（原則）			
que je	—e	que nous	—ions
que tu	—es	que vous	—iez
qu'il/elle	—e	qu'ils/elles	—ent

語幹は直説法現在三人称複数の語幹（語尾の -ent を除いたもの）に同じ

　　-er　aimer：ils aiment　→　**aim-**
　　-ir　finir：ils finissent　→　**finiss-**

◆ 不規則動詞に関しては例外が多い

　　faire → **fass-**　　pouvoir → **puiss-**　　savoir → **sach-**

◆ nous と vous の語幹が他の語幹と異なるものがある

　　aller → que j'**aille**, que nous **allions**　　venir → que je **vienne,** que nous **venions**
　　prendre → que je **prenne**, que nous **prenions**　*etc.*

◆ être と avoir は語幹・語尾ともに例外

être			
que je	**sois**	que nous	**soyons**
que tu	**sois**	que vous	**soyez**
qu'il/elle	**soit**	qu'ils/elles	**soient**

avoir			
que j'	**aie**	que nous	**ayons**
que tu	**aies**	que vous	**ayez**
qu'il/elle	**ait**	qu'ils/elles	**aient**

21-2　接続法現在の用法

a. 主観を表す：意志、願望、感情、命令、不確実などの表現に伴う従属節で

　　Il faut que je **finisse** ce travail avant midi.
　　Nous voulons que tu **viennes** avec nous.
　　Elle a peur que nous（ne）* **soyons** en retard.　　　　　　　　　　*虚辞の ne
　　Je ne crois* pas qu'ils **partent**.
　　Nous cherchons un secrétaire qui **parle** japonais.
　　◆ croire の活用 →「練習問題集」p. 79

b. 目的、譲歩などを表す接続詞句の後

　　Partons avant qu'il（ne）***pleuve**.　　　　　　　　　　　　　　　　*虚辞の ne
　　Il parle fort pour qu'elle **entende*** bien.
　　Bien qu'elle **soit** riche, elle vit* modestement.
　　◆ entendre：attendre と同じ型の活用

c. 最上級やそれに類する表現（seul, premier, dernier *etc.*）に伴う従属節で

　　C'est la seule personne qui **puisse** le faire.
　　◆ 接続法過去 →補遺 p. 67

⇨ EXERCICES 21

1 21-1 接続法現在形に活用させなさい。

1. donner → qu'il _____
2. réussir → que nous _____
3. être → que je _____
4. avoir → qu'elle _____
5. faire → qu'ils _____
6. aller → que vous _____
7. prendre → que tu _____
8. venir → qu'elles _____

2 21-2 （　）のなかの動詞を接続法現在形に活用させなさい。

1. J'aimerais que vous（parler → _____）avec le directeur.
2. Je ne crois pas qu'ils（pouvoir → _____）venir avant midi.
3. Tu veux que je t'（aider → _____）?
4. Il faut que nous（savoir → _____）la vérité.
5. Décidons-nous avant qu'il ne（être → _____）trop tard !
6. Il n'est pas possible que ma grand-mère（sortir → _____）toute seule.

⇨ THÈME 21

あなたにいっしょに来てほしい。

⇨ DICTÉE 21 CD 90

Avant de partir, ___ ___ ___ ___ ___ ce travail et ___ ___ ___ ___ banque.

＊不規則活用動詞 CD 91

vivre			
je	vis	nous	vivons
tu	vis	vous	vivez
il/elle	vit	ils/elles	vivent

APPENDICE

補　遺

1 基数 (1-1000) CD 92

1	un, une	21	vingt et un (une)	60	soixante	
2	deux	22	vingt-deux	61	soixante et un (une)	
3	trois	23	vingt-trois	62	soixante-deux	
4	quatre	24	vingt-quatre		⋮	
5	cinq	25	vingt-cinq	69	soixante-neuf	
6	six	26	vingt-six	70	soixante-dix	
7	sept	27	vingt-sept	71	soixante et onze	
8	huit	28	vingt-huit	72	soixante-douze	
9	neuf	29	vingt-neuf		⋮	
10	dix	30	trente	79	soixante-dix-neuf	
11	onze	31	trente et un (une)	80	quatre-vingts	
12	douze	32	trente-deux	81	quatre-vingt-un (une)	
13	treize		⋮	82	quatre-vingt-deux	
14	quatorze	39	trente-neuf		⋮	
15	quinze	40	quarante	89	quatre-vingt-neuf	
16	seize	41	quarante et un (une)	90	quatre-vingt-dix	
17	dix-sept	42	quarante-deux	91	quatre-vingt-onze	
18	dix-huit		⋮	92	quatre-vingt-douze	
19	dix-neuf	49	quarante-neuf		⋮	
20	vingt	50	cinquante	99	quatre-vingt- dix-neuf	
		51	cinquante et un (une)	100	cent	
		52	cinquante-deux			
			⋮	200	deux cents	
		59	cinquante-neuf	210	deux cent dix	
				1000	mille	

基数のリエゾンとアンシェヌマン

un‿an	*six ans	un livre	**six livres
deux‿ans	sept‿ans	deux livres	sept livres
trois‿ans	huit‿ans	trois livres	**huit livres
quatre‿ans	*neuf ans	quatre livres	neuf livres
cinq‿ans	*dix ans	**cinq livres	**dix livres

＊母音字と無音の h で始まる単語の前で、six（スィス）は（スィズ）に、dix（ディス）は（ディズ）になる。
neuf（ヌフ）は ans と heures の前でのみ（ヌヴ）に。
neuf euros（ヌフ ウーロ） neuf ans（ヌヴァン）
＊＊six, huit, dix は、子音字で始まる単語の前で最後の子音字を発音しない。
cinq の q は発音してもしなくてもよい。

2 序数

原則：基数＋ième

1er	premier（1 un）	6^e	sixième	20^e	vingtième
1ère	première（1 une）	7^e	septième	21^e	vingt et unième
2^e	second（2 deux）	8^e	huitième		
2^e	seconde（2 deux）	9^e	neuvième（9 neuf）	100^e	centième
2^e	deuxième	10^e	dixième		
3^e	troisième	11^e	onzième		
4^e	quatrième（4 quatre）	12^e	douzième		
5^e	cinquième（5 cinq）				

3 時の表現

季節　les saisons

　　　le printemps　　　l'été　　　　l'automne　　　l'hiver
　　　au printemps　　　en été　　　en automne　　　en hiver

月　les mois

　　janvier　février　mars　avril　mai　juin　juillet
　　août　septembre　octobre　novembre　décembre

◆ en janvier もしくは au mois de janvier

週　la semaine

　　lundi　mardi　mercredi　jeudi　vendredi　samedi　dimanche

◆ le lundi：毎週月曜日

時刻

「何時ですか？」　　　Quelle heure est-il ?
　　　　　　　　　　Vous avez l'heure ?

～時～分です。　　1 時　　　　　Il est une heure.
Il est ～ heures ～．　2 時 5 分　　　Il est deux heures cinq.
　　　　　　　　　3 時 15 分　　Il est trois heures et quart.
　　　　　　　　　4 時半　　　　Il est quatre heures et demie.
　　　　　　　　　5 時 10 分前　Il est cinq heures moins dix.
　　　　　　　　　6 時 15 分前　Il est six heures moins le quart.
　　　　　　　　　正午　　　　　Il est midi.
　　　　　　　　　真夜中　　　　Il est minuit.

午前の：du matin　　　午後の：de l'après-midi　　　夜の：du soir
午前 5 時：Il est cinq heures du matin.

4　所有代名詞 (→「練習問題集」)

	m.s.	*f.s.*	*m.pl.*	*f.pl.*
je	le mien	la mienne	les miens	les miennes
tu	le tien	la tienne	les tiens	les tiennes
il, elle	le sien	la sienne	les siens	les siennes
nous	le nôtre	la nôtre	les nôtres	
vous	le vôtre	la vôtre	les vôtres	
ils, elles	le leur	la leur	les leurs	

Voici mon livre et voilà le tien.

5　国名につける前置詞

	à +		de +	
m. s.	*le* Japon	→ au Japon	*le* Japon	→ du Japon
m. pl.	*les* États-Unis	→ aux États-Unis	*les* États-Unis	→ des États-Unis
f. s.	*la* France	→ en France	*la* France	→ de France
f. pl.	*les* Philippines	→ aux Philippines	*les* Philippines	→ des Philippines

Je vais au Japon, tu vas en France, et il va aux États-Unis.

Je viens du Canada, tu viens de Chine, et elle vient des Philippines.

6　疑問代名詞：主語・直接目的補語・属詞以外の場合の疑問 (→「練習問題集」)

人　　　前置詞 + **qui**
物事　　前置詞 + **quoi**

De qui parlez-vous ?　　　　　De quoi parlez-vous ?
De qui est-ce que vous parlez ?　De quoi est-ce que vous parlez ?
Vous parlez de qui ?　　　　　Vous parlez de quoi ?

7 選択の疑問代名詞 (→「練習問題集」)   CD 94

ふたつ以上の選択肢から選択するときに用いる（人にも物にも用いる）。

	s.	pl.
m.	lequel	lesquels
f.	laquelle	lesquelles

à + lequel → **auquel**   à + lesquels → **auxquels**   à + lesquelles → **auxquelles**
de + lequel → **duquel**   de + lesquels → **desquels**   de + lesquelles → **desquelles**

Laquelle de ces fleurs préférez-vous ?
Avec lesquels de ces étudiants travaillez-vous ?
Il y a beaucoup de romans de cet auteur. Duquel parlez-vous ?

8 目的補語人称代名詞の併用 (→「練習問題集」)

a. 肯定命令形以外で直接目的補語と間接目的補語を併用する場合

主語 + | me / te / nous / vous | le / la / les | lui / leur | + 動詞
　　　　（間目）　　　（直目）　　（間目）

Il donne ces roses à son amie. → Il les lui donne.
Il *me* montre son sac. → Il me le montre.

b. 肯定命令形では、常に〈動詞−直接目的補語−間接目的補語〉の順

Montrez ce livre à votre frère. → Montrez-le-lui.
Montrez-*moi* ce livre. → Montrez-le-moi.

c. 複合過去の場合：助動詞の前

Il a donné ces roses à son amie. → Il les lui a données.
Il *m*'a montré ses sacs. → Il me les a montrés.

65

9　前置詞＋関係代名詞 (→「練習問題集」)

先行詞が、節の主語・直接目的補語・属詞以外の時

人　前置詞＋**qui**

Le garçon à qui elle parle est son cousin.

物　前置詞＋**lequel, laquelle, lesquels, lesquelles**

Ce ne sont pas les chaussures auxquelles je pense.

- ◆ ばくぜんとした意味の語（ce, cela, rien, chose 等）が先行詞の時は：前置詞＋**quoi**

  Ce à quoi vous pensez me paraît* intéressant.
- ◆ paraître：connaître と同じ型の活用

10　直説法前未来 (→「練習問題集」)　CD 95

助動詞（avoir か être）の単純未来＋過去分詞

finir		partir	
j'aurai fini	nous aurons fini	je serai parti(e)	nous serons parti(e)s
tu auras fini	vous aurez fini	tu seras parti(e)	vous serez parti(e)(s)
il aura fini	ils auront fini	il sera parti	ils seront partis
elle aura fini	elles auront fini	elle sera partie	elles seront parties

用法：未来のある時点から見てすでに終了しているであろう行為、状態

J'aurai terminé ce travail dans 3 heures.（*cf.* Je *terminerai* ce travail dans 3 heures.）

Quand nous arriverons à la gare, le train sera parti.

11　直説法大過去 (→「練習問題集」)　CD 95

助動詞（avoir か être）の直説法半過去＋過去分詞

tenter		sortir	
j'avais tenté	nous avions tenté	j'étais sorti(e)	nous étions sorti(e)s
tu avais tenté	vous aviez tenté	tu étais sorti(e)	vous étiez sorti(e)(s)
il avait tenté	ils avaient tenté	il était sorti	ils étaient sortis
elle avait tenté	elles avaient tenté	elle était sortie	elles étaient sorties

用法：過去のある時点から見てすでに完了している行為、状態

Quand nous sommes arrivé(e)s à la gare, le train était parti.

12 条件法過去 (→「練習問題集」) CD 96

助動詞（avoir か être）の条件法現在 + 過去分詞

aimer		aller	
j'aurais aimé	nous aurions aimé	je serais allé(e)	nous serions allé(e)s
tu aurais aimé	vous auriez aimé	tu serais allé(e)	vous seriez allé(e)(s)
il aurait aimé	ils auraient aimé	il serait allé	ils seraient allés
elle aurait aimé	elles auraient aimé	elle serait allée	elles seraient allées

用法
a．過去の非現実な仮定：Si + 直説法大過去、条件法過去
　S'il avait fait beau hier, je serais sorti(e).
b．過去の推測、伝聞
　D'après la radio, il y aurait eu un grave accident sur l'autoroute A1.

13 接続法過去 (→「練習問題集」) CD 96

助動詞（avoir か être）の接続法現在 + 過去分詞

donner		venir	
que j'aie donné	que nous ayons donné	que je sois venu(e)	que nous soyons venu(e)s
que tu aies donné	que vous ayez donné	que tu sois venu(e)	que vous soyez venu(e)(s)
qu'il ait donné	qu'ils aient donné	qu'il soit venu	qu'ils soient venus
qu'elle ait donné	qu'elles aient donné	qu'elle soit venue	qu'elles soient venues

用法：主節と従属節の時制の違いを表すために用いられる。
　Je ne crois pas qu'ils soient déjà partis.
　(cf. Je ne crois pas qu'ils partent.)

14 直説法単純過去 CD 96

aimer	finir	venir	être	avoir
j'aimai	je finis	je vins	je fus	j'eus
tu aimas	tu finis	tu vins	tu fus	tu eus
il aima	il finit	il vint	il fut	il eut
elle aima	elle finit	elle vint	elle fut	elle eut
nous aimâmes	nous finîmes	nous vînmes	nous fûmes	nous eûmes
vous aimâtes	vous finîtes	vous vîntes	vous fûtes	vous eûtes
ils aimèrent	ils finirent	ils vinrent	ils furent	ils eurent
elles aimèrent	elles finirent	elles vinrent	elles furent	elles eurent

書き言葉でのみ使用。過去に完了した出来事や行為を客観的に叙述する。
　La deuxième guerre mondiale éclata en 1939.
　La fée donna un coup de baguette magique.

15　間接話法（→「練習問題集」）

a．接続の形

ⅰ）平叙文　　動詞 + **que**　　　　　　　　Il dit：«Je suis content.»
　　　　　　　　　　　　　　　　　　　　　　→ Il dit qu'*il* est content.

ⅱ）疑問文
　　（oui, non で答えられる疑問）　動詞 + **si**　　Elle me demande：«Tu vas bien ?»
　　　　　　　　　　　　　　　　　　　　　　→ Elle me demande si *je* vais bien.

　　（疑問詞を伴うもの）　動詞 + 疑問詞　　Je lui demande：«Où allez-vous ?»
　　　　　　　　　　　　　　　　　　　　　　→ Je lui demande où *elle* va.

◆ qu'est-ce qui → **ce qui** / que（qu'est-ce que, quoi）→ **ce que**

　　Je lui demande：«Qu'est-ce qui arrive?»
　　→ Je lui demande ce qui arrive.
　　Je lui demande：«Que voulez-vous (Qu'est-ce que vous voulez) (Vous voulez quoi) ?»
　　→ Je lui demande ce qu'il veut.

ⅲ）命令文　動詞 + **de** + 不定形　　Elle me dit：«Viens.» → Elle me dit de venir.

b．主節が過去（複合過去，半過去，大過去）の時の時制の一致

　　現在　　→　半過去　　　Il a dit：«Je sors.» → Il a dit qu'il sortait.
　　複合過去　→　大過去　　Elle a dit：«Je suis sortie.» → Elle a dit qu'elle était sortie.
　　単純未来　→　条件法現在*　J'ai dit：«Je sortirai.» → J'ai dit que je sortirais.

　　　　　　　　　　　　　　　　　　　　　　　　　　　　　　　　＊時制としての条件法

◆ hier → la veille　　aujourd'hui → ce jour-là　　demain → le lendemain

16　法と時制のまとめ

chanter

	直説法	条件法	接続法	命令法（現在形のみ）	
単純未来	il chantera			(tu)	Chante
前未来	il aura chanté			(nous)	Chantons
（近接未来）	il va chanter			(vous)	Chantez
現在	il chante	il chanterait	qu'il chante		
（近接過去）	il vient de chanter				
複合過去	il a chanté	過去　il aurait chanté	過去　qu'il ait chanté		
半過去	il chantait				
大過去	il avait chanté				

書き言葉

	直説法		接続法
単純過去	il chanta	半過去*	qu'il chantât
前過去*	il eut chanté	大過去*	qu'il eût chanté

＊この教科書では取り上げていない時制

練習問題集

練習問題集

Leçon 1

単語を発音しなさい。

a. 1. pâte   2. drôle   3. île   4. murmure   5. typique
b. 1. mer   2. omelette   3. mademoiselle 4. fenêtre   5. université
c. 1. veine   2. épaule   3. bœuf   4. victoire   5. bonjour
d. 1. aucun   2. gens   3. maintenant   4. potiron   5. invisible
e. 1. tasse   2. poison   3. canard   4. citron   5. garage
f. 1. queue   2. muraille   3. cheveux   4. magnifique 5. cheville

Leçon 2

1. （ ）のなかに適切な不定冠詞を書き入れなさい。

   1. (   ) chaises   2. (   ) porte   3. (   ) ordinateurs   4. (   ) bureau

2. （ ）のなかに適切な部分冠詞を書き入れなさい。

   1. (   ) pain   2. (   ) confiture   3. (   ) huile   4. (   ) poisson

3. （ ）のなかに適切な定冠詞を書き入れなさい。

   1. (   ) sel   2. (   ) enfants   3. (   ) appartement   4. (   ) montre

4. 単数形の名詞は複数形に、複数形の名詞は単数形にしなさい。

   1. un homme   → _____
   2. les filles   → _____
   3. l'appartement → _____
   4. des étoiles   → _____
   5. des livres   → _____
   6. un garçon   → _____
   7. une fleur   → _____
   8. les histoires → _____
   9. un arbre   → _____
   10. la table   → _____
   11. le cahier   → _____
   12. les hôtels   → _____

Leçon 3

1. 主語を変えて、文を書き改めなさい。

1. Nous sommes étudiants. Elle _____
2. Elles sont là ? Tu _____ ?
3. Tu as du café ? Ils _____ ?
4. Vous êtes dans le jardin. Je _____
5. Jean a de l'argent. Marie et Claire _____

2. 例にならい、下線部の単語を（ ）のなかの単語に変え、冠詞に注意して文を書き改めなさい。

   例 Voici un livre. (tables) → Voici des tables.

1. Voici des garçons. (chien) → _____
2. Voilà du thé. (oranges) → _____
3. C'est un ami. (étudiants) → _____
4. Ce sont des fleurs. (eau) → _____
5. Il y a des cahiers sur la table. (verre) → _____
6. Il y a du vent. (nuages) → _____
7. Voici des livres. Ce sont les livres de Sophie. (vélo)

   → _____

8. Voilà une maison. C'est la maison d'Éric. (chaussures)

   → _____

Leçon 4

1. 動詞を直説法現在形に活用させなさい。

1. parler : Vous _____ bien japonais.

2. donner : Nous _____ un cadeau à Claire.

3. obéir : Ils _____ à la maîtresse.

4. choisir : Tu _____ un livre ?

5. montrer : Je _____ le plan à Pierre.

6. grandir : Les enfants _____ vite.

7. travailler : M. Lambert _____ trop.

2. 例にならい、形容詞を名詞に性・数一致させて、適切な位置に置きなさい。

例　petit : une fille → une petite fille

1. grand : un arbre → _____

2. bleu : des chaussures → _____

3. important : une question → _____

4. lourd : des sacs → _____

5. nouveau : le professeur → _____

6. froid : une main → _____

7. rapide : les trains → _____

8. jeune : des pères → _____

Leçon 5

1. （ ）の単語を並べ替えて文を作りなさい（文頭の単語は大文字で始めること）。

1. 彼は 20 歳です。（a, ans, il, vingt)

   → _____

2. 彼女たちは満足していません。（contentes, elles, ne, pas, sont）

   → _____

3. 私たちは友人に写真を見せます。（à, amie, des, montrons, nous, photos, une）

   → _____

4. 庭に猛犬がいます。（a, chien, dans, il, jardin, le, méchant, un, y）

   → _____

5. あなたは赤い花が好きじゃないのですか？（aimez, fleurs, vous, les, n', pas, rouges）

   → _____

6. 法には従うものだ。（à, la, loi, obéit, on）

   → _____

7. おいしい食事は人生を快適にする。
   （agréable, bons, la, les, repas, rendent*, vie）

   → _____

   ＊ rendre : attendre と同じ型の活用

2. 否定形に書き改めなさい。

1. Vous avez de l'eau ?　→ _____

2. On regarde souvent la télé.　→ _____

3. Il y a des fleurs dans la cour.　→ _____

4. Ce sont des pommes.　→ _____

5. Elle danse.（ne ... jamais「決して ... ない」を使って）→ _____

6. Il y a du lait.（ne ... plus「もう ... ない」を使って）　→ _____

Leçon 6

1. a. Est-ce que をつけた疑問文と、b. 倒置の疑問文に書き改めなさい。

1. Vous écoutez de la musique ?

    a. _____

    b. _____

2. Il y a des étudiants dans la classe ?

    a. _____

    b. _____

3. Léa n'aime pas sortir* avec ses parents ?

    a. _____

    b. _____

* sortir : partir と同じ型の活用

2. 所有形容詞を使って質問に答えなさい。

1. C'est la robe de Marie ? 　　— Oui, _____

2. Ce ne sont pas nos clefs ? 　　— Si, _____

3. Est-ce que tu cherches tes lunettes ? 　　— Oui, _____

4. Y a-t-il les cahiers de Claire sur la table ?

    — Non, _____

5. Tu ne mets* pas de sucre dans ton café ?　　* mettre の活用→ p. 75

    — Non, _____

6. Est-ce qu'ils ont l'adresse e-mail de M. Dupont ?

    — Oui, _____

Leçon 7

1. （　）のなかに適切な指示形容詞を入れなさい。

1. Elle prend (　　　　) lunettes.
2. Ils n'aiment pas (　　　　) hôtel.
3. Je ne pars pas (　　　　) matin.
4. Tu lis* (　　　　) revue ?

2. 例にならい、形容詞を名詞に性・数一致させて、適切な位置に置きなさい。

　例　petit : une fille → une petite fille

1. difficile : une question →
2. mauvais : des films →
3. nouveau : une saison →
4. vieux : un arbre →
5. malheureux : une fin →
6. bon : des idées →
7. beau : un appartement →
8. vif : une lumière →
9. régulier : une vie →

mettre				lire			
je	mets	nous	mettons	je	lis	nous	lisons
tu	mets	vous	mettez	tu	lis	vous	lisez
il/elle	met	ils/elles	mettent	il/elle	lit	ils/elles	lisent

Leçon 8

1. 主語を変えて、文を書き改めなさい。

1. Vous venez dîner ?   → Tu _____ ?

2. Tu vas bien ?   → Vos parents _____ ?

3. Je viens en métro.   → Nous _____

4. Il va partir à Londres cet été ?   → Vous _____ ?

5. Cette chemise va bien avec cette veste.

   → Ces chaussures _____

2. 現在形の文を a. 近接未来の文と b. 近接過去の文に書き改めなさい。

1. Je parle avec le patron.   → a. _____

                                 → b. _____

2. Les étudiants font des devoirs.   → a. _____

                                 → b. _____

3. 下線部を（ ）のなかの単語に置き換えて文を書き改めなさい。

   例　Je vais à la <u>gare</u>. (cinéma) → Je vais au cinéma.

1. Elle va rester à <u>Paris</u>. (hôtel)   → _____

2. Nous venons du <u>Japon</u>. (France)*   → _____

3. Vous revenez* d' <u>Allemagne</u>* ? (États-Unis) → _____

4. Tu veux du thé à la <u>menthe</u> ? (lait) → _____

5. Ils donnent des cadeaux à la <u>voisine</u>. (enfants)

   → _____

   ＊女性名詞の国名につける前置詞に関しては補遺 p.64 を参照のこと。
   ＊ revenir : venir と同じ型の活用。

Leçon 9

1. 指示にしたがい、（ ）のなかに疑問代名詞か疑問副詞を入れなさい。

1. なにを（   ) prenez-vous comme dessert ?
2. だれを（   ) vous attendez ?
3. いつ（   ) est-ce qu'ils arrivent ?
4. なにが（   ) ne va pas ?
5. いくら Ça coûte（   ) ?
6. だれ（   ) est ce monsieur ?

2. （ ）のなかの指示にしたがい、疑問代名詞や疑問副詞を使って、下線部が答えとなるような疑問文を作りなさい。

1. Je vais à la gare.　　　　　　　　　　　　　　　（vous を主語に、イントネーションの疑問）

    → ....

2. Elle cherche ses clefs.　　　　　　　　　　　　　　　（倒置疑問）

    → ....

3. Ce sont des photos.　　　　　　　　　　　　　　　（est-ce que の疑問）

    → ....

4. Ça fait 15 euros.　　　　　　　　　　　　　　　（イントネーションの疑問）

    → ....

5. Je peux partir dans deux heures.　　　　　　　　　　　　　　　（tu を主語に、est-ce que の疑問）

    → ....

6. Je vais bien, merci.　　　　　　　　　　　　　　　（vous を主語に、倒置疑問）

    → ....

7. Parce que je n'ai pas faim.　　　　　　　　　　　　　　　（tu を主語に、est-ce que の疑問）

    → ....

Leçon 10

1. （　）のなかに適切な疑問形容詞を書き入れなさい。

1. (　　　　　　　　) musique écoutez-vous ?
2. (　　　　　　　　) sont les heures d'ouverture des grands magasins ?
3. (　　　　　　　　) mauvais temps !
4. À (　　　　　　　　) heure commence le match ?

2. （　）のなかに適切な比較の表現を書き入れなさい。

1. La pluie est (　　　　) froide (　　　　) la neige.
2. Une voiture est (　　　　) rapide (　　　　) un vélo.
3. Les Japonais sont (　　　　) nombreux (　　　　) les Français.
4. Les Japonais ont des vacances (　　　　) longues (　　　　) les Français.

3. 例にならい、最上級の文を作りなさい。

　例　Cette fleur est jolie.（優等）(de ce jardin)
　　　→ Cette fleur est la plus jolie de ce jardin.

1. Louise est âgée.（劣等）(de ses sœurs)

　　→ ....

2. Il achète un chapeau chic.（優等）(de ce magasin)

　　→ ....

3. Quel est le bon film ?（優等）(de cette année)

　　→ ....

4. C'est un de* mes** beaux souvenirs.（優等）

　　→ ....

　　＊ un (une) de～：～のうちのひとつ。
　　＊＊最上級では定冠詞の代わりに所有形容詞を用いることができる。
　　　les plus beaux ～：もっとも美しい～
　　　mes plus beaux ～：私のもっとも美しい～

Leçon 11

1. 命令法にしなさい。

1. Tu lis ce roman. → _____

2. Vous attendez notre retour. → _____

3. Nous ne croyons* pas son histoire. → _____

4. Vous avez du courage. → _____

5. Tu n'es pas méchant. → _____

2. 下の非人称表現から適切なものを選んで（ ）のなかに書き入れなさい（時刻の表現に関しては補遺を参照のこと）。

[il est   il fait   il faut   il y a]

1. (   ) dix heures du soir.
2. (   ) chaud et lourd.
3. (   ) manger pour vivre.
4. (   ) des arbres dans le jardin.
5. (   ) midi et quart.
6. (   ) dix minutes pour aller à pied à la gare.
7. (   ) nuit.

croire	
je crois	nous croyons
tu crois	vous croyez
il/elle croit	ils/elles croient

Leçon 12

1. 複合過去形に活用させて（　）のなかに書き入れなさい。

1. **entrer**　　: tu (　　　　　　　)　　vous (　　　　　　　　)
2. **être**　　　: il (　　　　　　　)　　ils (　　　　　　　　)
3. **choisir**　: j' (　　　　　　　)　　nous (　　　　　　　　)
4. **faire**　　: tu (　　　　　　　)　　vous (　　　　　　　　)
5. **venir**　　: elle (　　　　　　)　　elles (　　　　　　　)
6. **naître**　: je (　　　　　　　)　　nous (　　　　　　　　)

2. 現在形を複合過去形にして文を書き改めなさい。

1. Ils montent dans un train.　　→
2. Elle travaille bien* ?　　→
3. Nous marchons jusqu'au musée.　　→
4. Tu n'écoutes pas cette émission ?　　→
5. Je vais chercher un ami à la gare.　　→
6. Il peut prendre le dernier train.　　→
7. Est-ce que tu sors ce soir ?　　→
8. Avez-vous peur ?　　→
9. Elle ne veut pas voir ce film.　　→
10. Ne voyez-vous pas l'affiche sur le mur ?

　　→

＊複合過去の時、副詞の多く（bien, beaucoup, déjà, encore, souvent, *etc.*）は助動詞と過去分詞の間に置かれる。

Leçon 13

1. 下線部を人称代名詞にして文を書き改めなさい。

1. J'aime beaucoup ce roman. → _____
2. Vous écrivez* à vos parents ? → _____
3. Elle n'obéit pas à son père. → _____
4. On va chez Jeanne. → _____
5. Donnez-vous ces cadeaux à vos voisins ? → _____
6. Parlez à votre femme ! → _____
7. Ne prends pas la voiture ! → _____
8. Je vais téléphoner à mon copain.* → _____

    * aller téléphoner など、動詞がふたつ続く場合、目的補語人称代名詞はそれがかかる動詞（この場合は téléphoner）の前に置かれる。

2. 人称代名詞を使って、質問に答えなさい。

1. Vous connaissez cette dame ? — Oui, _____
2. Tu écris souvent à ta mère ? — Non, _____
3. Tu parles à Patrice ? — Non, _____
4. Elle peut aider ses amis ? — Oui, _____
5. Vous comptez sur vos amis ? — Oui, _____

	écrire	
j'écris	nous	écrivons
tu écris	vous	écrivez
il/elle écrit	ils/elles	écrivent

Leçon 14

1. 下線部を人称代名詞にして文を書き改めなさい。

1. Nous avons vu ces émissions. →
2. Avez-vous écrit à votre mère ? →
3. Il a donné cette bague à sa fiancée. →
4. Il a donné cette bague à sa fiancée. →
5. Tu n'as pas dansé avec ton ami ? →
6. Elle a voulu lire ces livres. →
7. Je n'ai pas pris mon parapluie. →
8. Ils ne sont pas allés voir ce film. →

2. 人称代名詞を用いて質問に答えなさい。

1. Ils ont bien aimé ce concert ?　— Oui,
2. Tu as acheté ces CD ?　— Non,
3. Est-ce que tu as prêté ta gomme à ton voisin ?

　　（ta gomme を人称代名詞に）　— Oui,

　　（à ton voisin を人称代名詞に）　— Oui,

4. Avez-vous fait la vaisselle ?　— Non,
5. Elle a déjà* fini ses devoirs ?　— Non,

　　＊答えに encore（まだ）を使って

6. Est-ce qu'il est venu pour voir M. Leblanc ?

— Oui,

Leçon 15

1. （　）のなかに適切な関係代名詞を書き入れなさい。

1. Il achète cet ordinateur (　　　　) n'est pas cher.
2. Voilà le livre (　　　　) j'ai besoin.
3. C'est le restaurant (　　　　) nous avons dîné il y a un an.
4. J'aime beaucoup le DVD (　　　　) tu m'as prêté.

2. 例にならい、関係代名詞を用いたひとつの文を作りなさい。

例　Je prends ce pull. Tu ne veux pas ce pull.
　　→ Je prends ce pull que tu ne veux pas.

1. Pauline va rejoindre son mari. Son mari est en vacances dans le Midi.
   → ....
2. Tu peux prendre les livres. Tu vois les livres sur la table.
   → ....
3. Vous voyez sa nouvelle maison ? Le toit de sa nouvelle maison est rouge.
   → ....

3. 下線部を強調する文に書き改めなさい。

1. <u>Philippe</u> chante le mieux de la classe.　→ ....
2. Je suis allé danser avec mes amis <u>hier</u>.　→ ....
3. <u>Tu</u> ne veux pas manger de légumes ?　→ ....

4. （　）のなかに適切な指示代名詞を書き入れなさい。

1. Vous n'avez pas de parapluie ? Prenez (　　　　)-ci.
2. Ces bagages sont (　　　　) de ma sœur.
3. Voici deux serviettes. Je préfère (　　　　)-ci à (　　　　)-là.

83

Leçon 16

1. 主語を変えて全文を書き改めなさい。

1. Il s'habille rapidement.

   → Je

2. Servez*-vous, s'il vous plaît.（tu を主語とする命令に）

   →

3. Tu te réveilles très tôt ?

   → Ils

4. On va se voir à la gare.

   → Nous

5. Se promènent*-ils souvent dans ce bois ?（vous を主語に）

   →

＊servir : partir と同じ型の活用　　＊promener : acheter と同じ型の活用

2. 複合過去にしなさい。

1. Elle se fait une jolie robe.

   →

2. Nous nous serrons la main.

   →

3. Elles se rendent* à Paris en train ?

   →

4. Patricia se casse la jambe.

   →

5. Ce roman ne se vend* pas bien.

   →

6. Se parlent-ils longtemps au téléphone ?

   →

＊rendre, vendre : attendre と同じ型の活用

Leçon 17

1. 近接未来形を単純未来形にして文を書き改めなさい。

1. Je vais prendre le train de douze heures dix.

   → _____

2. Nous n'allons pas travailler le week-end.

   → _____

3. Tu vas me téléphoner ce soir ?

   → _____

4. Vont-ils avoir une bonne récolte cette année ?

   → _____

2. 下線部を中性代名詞（le, en, y）に変えて文を書き改めなさい。

1. Elle est <u>grande</u>. → _____

2. Nous avons beaucoup <u>de bagages</u>. → _____

3. Ils seront <u>au Japon</u> l'année prochaine. → _____

4. Je n'ai pas besoin <u>de ce dictionnaire</u>. → _____

3. 中性代名詞を使って答えなさい。

1. Ils veulent venir ensemble ? → Oui, _____

2. Il vient de son travail ? → Non, _____

3. Tu crois qu'elle sera là ? → Oui, _____

4. Vous voulez combien d'oranges ?（deux ou trois）

   → _____

5. Ma sœur est entrée dans la salle ?

   → Non, _____

Leçon 18

1. 主語を変えて文を書き改めなさい（必要なら所有形容詞も変えること）。

1. Quand j'étais petit, je passais mes vacances chez mes grands-parents.

   → Quand elle _____

2. Il se couchait souvent très tard quand il était jeune.

   → Ils _____

3. Vous étiez dans la classe quand le feu a pris ?

   → Les étudiants _____

2. 日本語の意味に合わせて、（ ）のなかの動詞を半過去形か複合過去形か現在形に活用させ、文を書き改めなさい。

1. 学生の頃、彼はよく図書館に通っていた。
   Quand il (être) étudiant, il (fréquenter) la bibliothèque.

   → _____

2. 君は彼の名前を忘れてしまったの？ Tu (oublier) son nom ?

   → _____

3. 今年はたくさん雪が降った。Il (neiger beaucoup) cette année.

   → _____

4. 彼女は前は貧乏だったが、今はお金がたくさんある。
   Avant, elle (être) pauvre, mais maintenant elle (avoir) beaucoup d'argent.

   → _____

5. 昔はよくこの川沿いを散歩したものだ。
   Autrefois, nous (se promener) souvent le long de cette rivière.

   → _____

6. 去年、私はまだ彼を知らなかった。L'année dernière, je (ne pas le connaitre) encore.

   → _____

7. ベルがなった時、彼らは出かけようとしていた。Ils (aller sortir), quand on (sonner).

   → _____

Leçon 19

1. 能動態の文を受動態に書き改めなさい。

1. Les enfants adorent cette émission.

   → _____

2. Le président recevra* notre délégué. （être を単純未来形に）

   → _____

3. On m'a opéré dans cet hôpital.

   → _____

2. 現在分詞を使った表現を使って文を書き改めなさい。

1. Un témoin a vu le garçon qui marchait vers le parking.

   → _____

2. Comme la nuit tombait, nous sommes rentrés dans la maison.

   → _____

3. Comme j'ai dansé toute la soirée, je suis très fatigué ce matin.

   → _____

3. ジェロンディフを使った文に書き改めなさい。

1. On était pauvres mais on était heureux en ce temps-là.

   → _____

2. Quand je suis entré dans la salle, j'ai trouvé un étudiant qui pleurait.

   → _____

3. Si tu te promènes tôt le matin, tu pourras écouter les chants des oiseaux.

   → _____

recevoir 過去分詞 reçu			
je	reçois	nous	recevons
tu	reçois	vous	recevez
il/elle	reçoit	ils/elles	reçoivent

Leçon 20

1. 直説法現在形や単純未来形を条件法現在形にして、文を書き改めなさい。

1. Tu as un peu de temps ?　→ _____
2. Est-ce qu'on peut fumer ici ?　→ _____
3. Pouvez-vous me passer le sel, s'il vous plaît ?

   → _____
4. D'après lui, il y aura une assemblée générale vendredi.

   → _____

2. 非現実の仮定文に書き改めなさい。

1. Avec un peu de courage, elle dira la vérité.

   → _____
2. Si vous arrivez ce soir, je vous attendrai chez moi.

   → _____
3. Si tu relis* bien ce passage, tu comprendras*.

   → _____

＊relire : lire と同じ型の活用
＊comprendre : prendre と同じ型の活用

3. （　）のなかの動詞を、直説法単純未来形か条件法現在形か、どちらかに活用させなさい。

1. Si vous venez tôt, elle（partir →　　　　　　）avec vous.
2. Si jamais il pleuvait, nous（rester →　　　　　　）chez nous.
3. Si tu finis vite tes devoirs, on（aller →　　　　　　）voir un film après.
4. Si j'avais de l'argent, j'（acheter →　　　　　　）une maison avec un grand jardin.

Leçon 21

1. （　）のなかの動詞を接続法現在形に活用させなさい。

1. Vous aimeriez que je vous (accompagner → 　　　　　　) jusqu'à la gare ?
2. Voici les meilleurs chocolats qu'on (pouvoir → 　　　　　　) trouver dans cette ville.
3. Ton père serait content que tu (aller → 　　　　　　) le voir plus souvent.

2. （　）のなかの指示にしたがって主語を変え、文を書き改めなさい。

1. Pour qu'il ait du confort, nous allons lui donner une chambre bien équipée. (il → vous, nous → je)

   →

2. Je crains qu'ils se fâchent à ce sujet. (Je → Elle, ils → nous)

   →

3. Vous ne voulez pas que nous prenions un verre ? (Vous → Tu, nous → on)

   →

4. Afin qu'elle comprenne bien la situation, je lui expliquerai l'affaire. (elle → vous, je → nous)

   →

3. 例にならい、接続法現在形を用いた文に書き改めなさい。

   例　Elles sont heureuses.（Je suis contente que ... ）
   　→ Je suis contente qu'elles soient heureuses.

1. Il vient à l'heure.（Je ne pense pas que ... ）

   →

2. Nous travaillons jusqu'au soir aujourd'hui.（Il faut que ... ）

   →

3. Ses parents lui disent la vérité.（Elle doute que ... ）

   →

4. Il fait beau cet après-midi.（Je veux absolument que ... ）

   →

補 遺

1. 所有代名詞

所有代名詞に書き改めなさい。

1. Voilà tes livres et (mes livres → 　　　　　　).
2. Voici mon sac et voilà (ton sac → 　　　　　　).
3. Ce sont mes lunettes et (ses lunettes → 　　　　　　).
4. Ce n'est pas notre maison. C'est (leur maison → 　　　　　　).
5. Ses gâteaux sont bons, mais je préfère* (vos gâteaux → 　　　　　　).

＊préférer の活用→p. 25

2. 疑問代名詞：主語、直接目的補語・属詞以外の場合

（　）のなかの指示にしたがって下線部が答えとなる疑問文を作りなさい。

1. Ils parlent de ce roman.　　　　　　　　　　　　　　（イントネーションの疑問）
   →

2. Nous voyageons avec notre mère.　　　　　　　　　　（est-ce que の疑問）
   →

3. Elle téléphone à son ami.　　　　　　　　　　　　　（est-ce que の疑問）
   →

4. Je pense à mes vacances.　　　　　　　　　　　　　（vous を主語に、倒置疑問）
   →

5. Cette bague est en or.　　　　　　　　　　　　　　（イントネーションの疑問）
   →

3. 選択の疑問代名詞

（　）のなかに適切な選択の疑問代名詞 lequel, laquelle, lesquels, lesquelles を書き入れなさい。必要なら前置詞を補いなさい。

1. Voici de bons gâteaux. （　　　　　　　） voulez-vous ?
2. De ces deux films, vous choisissez （　　　　　　　） ?
3. Il y a de belles maisons. （　　　　　　　） est-ce que tu préfères ?
4. Voici des crayons. （　　　　　　　） voulez-vous pour dessiner ?
5. （　　　　　　　） de ces deux livres parlez-vous ?

4. 目的補語人称代名詞の併用（1）

下線部を人称代名詞にして文を書き改めなさい。

1. Tu me donnes ce gâteau ?

    → _____

2. Il va offrir* ce collier à sa mère.

    → _____

3. Nous ne vous recommandons pas ce dictionnaire.

    → _____

4. Raconte-moi cette histoire !

    → _____

5. Montrez-vous ces photos à votre femme ?

    → _____

offrir	
j'offre	nous offrons
tu offres	vous offrez
il/elle offre	ils/elles offrent

5. 目的補語人称代名詞の併用（2）（複合過去）

人称代名詞を用いて質問に答えなさい。
1. Tu as demandé le chemin à ce garçon ?

   — Oui, _____

2. Avez-vous raconté cette histoire à votre mari ?

   — Non, _____

3. Ont-elles donné ces fleurs aux malades ?

   — Oui, _____

6. 前置詞＋関係代名詞

（ ）のなかに適切な関係代名詞を入れなさい。
1. Voici une amie sur (　　　　　) je compte beaucoup.
2. Il n'y a rien sur (　　　　　) je peux compter.
3. Voici les crayons avec (　　　　　) j'ai dessiné ces fruits.
4. Veux-tu rencontrer un cousin à (　　　　　) j'ai déjà parlé de toi ?
5. C'est une question difficile à (　　　　　) nous réfléchissons depuis une semaine.

7. 直説法前未来

指示にしたがい、動詞を活用させなさい。
1. Il (finir 前未来→　　　　　　　) son dîner à cette heure-là.
2. Elle (rentrer 前未来→　　　　　　　) dans une heure.
3. Je (s'habiller 前未来→　　　　　　　) avant ton arrivée.
4. Quand ils (arriver 単純未来→　　　　　　　), elle (sortir 前未来→　　　　　　　).
5. Ce (être 単純未来→　　　　　　　) trop tard quand il (comprendre 前未来→　　　　　　　) le danger.

8. 直説法大過去

指示にしたがって動詞を活用させ、文を完成させなさい。

1. En avril 2004, il（déjà finir 大過去）ses études.

   → _____

2. À quinze ans, elle（déjà comprendre 大過去）cette théorie.

   → _____

3. Ils（déjà se quitter 大過去）en 2003.

   → _____

4. Vous（déjà partir 大過去）, quand je vous（téléphoner 複合過去）?

   → _____

5. Quand je（arriver 複合過去）à la cafétéria, il（déjà finir 大過去）de manger.

   → _____

9. 条件法過去

（　）のなかの動詞を直説法単純未来形か条件法現在形か条件法過去形か、いずれかに活用させなさい。

1. S'il dit cela, ce（être → _____）une catastrophe.
2. S'il disait cela, ce（être → _____）une catastrophe.
3. S'il avait dit cela, ça（être → _____）une catastrophe.
4. Je（vouloir → _____）un carnet, s'il vous plaît.
5. D'après le journal, il y（avoir → _____）un accident dans cette rue.

10. 接続法過去

（　）のなかの動詞を接続法過去形に活用させなさい。

1. Nous regrettons que vous (partir → 　　　　　　　　) si tôt.
2. On est content qu'il (réussir → 　　　　　　　　) son examen.
3. C'est la plus belle maison que j' (jamais voir → 　　　　　　　　).
4. C'est dommage qu'ils (se fâcher → 　　　　　　　　).
5. Ils ont peur que Marguerite (se tromper → 　　　　　　　　) de chemin.

11. 間接話法

間接話法に書き改めなさい。

1. Il dit : «Je pars.» →
2. Il me demande : «Vous partez ?» →
3. Il me demande : «Quand partez-vous ?»
   →
4. Il me dit : «Pars tout de suite.»
   →
5. Tu m'as dit : «Il n'aime pas le fromage.»
   →
6. Elle m'a demandé : «Tu es allé où hier ?»
   →
7. Je me suis dit : «Il aura du succès.»
   →
8. Il nous a demandé : «Prêtez-moi votre voiture.»
   →
9. Ils lui ont demandé : «Qu'est-ce que vous allez faire avec ce gros couteau ?»
   →
10. Elle a demandé à son amie : «Vous arriverez à quelle heure demain ?»
    →

―― 付属ＣＤ ――
CDには発音、動詞活用、用例、Dictée、補遺が収録されています。
吹込者：Marie-Emmanuelle MURAMATSU
　　　　Georges CONREUR
CD 80分

著者紹介
小野ゆり子
　中央大学他講師
村松マリ=エマニュエル
　千葉商科大学準専任教員

マ・グラメール（三訂版・CD付）

2018年 3月10日　第 1 刷発行
2024年 3月10日　第11刷発行

著　者 ⓒ　小 野 ゆ り 子
　　　　　村松マリ=エマニュエル
発行者　　岩 堀 雅 己
印刷所　　株式会社三秀舎

発行所　101-0052東京都千代田区神田小川町3の24
　　　　電話03-3291-7811（営業部），7821（編集部）　株式会社白水社
　　　　www.hakusuisha.co.jp
　　　　乱丁・落丁本は、送料小社負担にてお取り替えいたします。

振替 00190-5-33228　　Printed in Japan　　誠製本株式会社
ISBN978-4-560-06126-8

▷本書のスキャン、デジタル化等の無断複製は著作権法上での例外を除き禁じられています。本書を代行業者等の第三者に依頼してスキャンやデジタル化することはたとえ個人や家庭内での利用であっても著作権法上認められていません。

入門／文法

ニューエクスプレスプラス フランス語
東郷雄二［著］　　　　　　　　【CD付】【音声アプリあり】
会話＋文法、入門書の決定版がパワーアップ．
(2色刷) A 5判 159頁 定価2090円 (本体1900円)

フラ語入門、わかりやすいにも
ホドがある！[改訂新版]【CD付】【音声アプリあり】
清岡智比古［著］　楽しく学べる入門書．
(2色刷) A 5判 197頁 定価1760円 (本体1600円)

フランス語のABC [新版]　　　　【音声アプリあり】
数江譲治［著］　一生モノのリファレンス．
(2色刷) 四六判 274頁 定価2420円 (本体2200円)

ひとりでも学べるフランス語
中村敦子［著］　　　　　　　　　【音声アプリあり】
独習でも「わかった」「発音できる」という実感．
(2色刷) A5判 190頁 定価2310円 (本体2100円)

アクション！ フランス語 A1
根木昭英／野澤督／G. ヴェスィエール［著］
ヨーロッパスタンダード．　　　【音声ダウンロードあり】
(2色刷) A 5判 151頁 定価2420円 (本体2200円)

みんなの疑問に答える つぶやきのフランス語文法
田中善英［著］　　フランス語学習を徹底サポート．
(2色刷) A 5判 273頁 定価2860円 (本体2600円)

問題集

フラ語問題集、なんか楽しいかも！
清岡智比古［著］　　　　　　【音声ダウンロードあり】
ザセツ知らずの練習問題集．
(2色刷) A 5判 218頁 定価2090円 (本体1900円)

1日5題文法ドリル つぶやきのフランス語
田中善英［著］　日常生活で使える1500題．
四六判　247頁　定価2090円 (本体1900円)

フランス文法はじめての練習帳
中村敦子［著］　まずはこの一冊を完全にやりきろう！
A 5判　186頁　定価1760円 (本体1600円)

15日間フランス文法おさらい帳 [改訂版]
中村敦子［著］　ドリル式で苦手項目を克服！
A 5判　163頁　定価1980円 (本体1800円)

仏検対策 5級問題集 三訂版　　　　【CD付】
小倉博史／モーリス・ジャケ／舟杉真一［編著］
この一冊で仏検突破！
A 5判　127頁　定価1980円 (本体1800円)

仏検対策 4級問題集 三訂版　　　　【CD付】
小倉博史／モーリス・ジャケ／舟杉真一［編著］
どんどん進む仏検対策の決定版．
A 5判　147頁　定価2090円 (本体1900円)

発音／リスニング

はじめての声に出すフランス語
高岡優希／ジャン＝ノエル・ポレ／富本ジャニナ［著］
語学の独習は最初が肝心！
　　　　　　　　　　　　　　　　　　【CD付】
A 5判　108頁　定価1980円 (本体1800円)

声に出すフランス語 即答練習ドリル
初級編　　　　　　　【音声ダウンロードあり】
高岡優希／ジャン＝ノエル・ポレ／富本ジャニナ［著］
1200の即答練習で反射神経を鍛える！
A 5判　122頁　定価2420円 (本体2200円)

やさしくはじめるフランス語リスニング
大塚陽子／佐藤クリスティーヌ［著］
リスニングのはじめの一歩を．　【音声アプリあり】
(一部2色刷) A 5判 117頁 定価2310円 (本体2100円)

サクサク話せる！フランス語会話
フローラン・ジレル・ボニニ［著］【音声アプリあり】
キーフレーズで表現の型を知る．
A 5判　146頁　定価2530円 (本体2300円)

単語集／熟語集

フラ語入門、ボキャブラ、単語王とは
おこがましい！ [増補新版]
清岡智比古［著］　　　　　　【音声ダウンロードあり】
(2色刷) A 5判 263頁 定価2090円 (本体1900円)

《仏検》3・4級必須単語集 [新装版]　【CD付】
久松健一［著］　基礎語彙力養成にも最適！
四六判　234頁　定価1760円 (本体1600円)

DELF A2 対応　　　　【音声ダウンロードあり】
フランス語単語トレーニング
モーリス・ジャケ／舟杉真一／服部悦子［著］
四六判　203頁　定価2640円 (本体2400円)

DELF B1・B2 対応　　【音声ダウンロードあり】
フランス語単語トレーニング
モーリス・ジャケ／舟杉真一／服部悦子［著］
四六判　202頁　定価2860円 (本体2600円)

動詞活用

フラ語動詞、こんなにわかっていい
かしら？ [増補新版]
清岡智比古［著］　　　　　　【音声ダウンロードあり】
(2色刷) A 5判 158頁 定価1760円 (本体1600円)

徹底整理 フランス語動詞活用 55
高橋信良／久保田剛史［著］【音声ダウンロードあり】
(2色刷) A5判　134頁　定価1980円 (本体1800円)

フランス語動詞完全攻略ドリル
岩根久／渡辺貴規子［著］1500問をコツコツこなす．
A5判　189頁　定価2200円 (本体2000円)

動 詞 活 用 表

1	avoir	18	écrire	35	pouvoir
2	être	19	employer	36	préférer
3	aimer	20	envoyer	37	prendre
4	finir	21	faire	38	recevoir
5	acheter	22	falloir	39	rendre
6	aller	23	fuir	40	résoudre
7	appeler	24	lire	41	rire
8	asseoir	25	manger	42	savoir
9	battre	26	mettre	43	suffire
10	boire	27	mourir	44	suivre
11	conduire	28	naître	45	vaincre
12	connaître	29	ouvrir	46	valoir
13	courir	30	partir	47	venir
14	craindre	31	payer	48	vivre
15	croire	32	placer	49	voir
16	devoir	33	plaire	50	vouloir
17	dire	34	pleuvoir		

不定法	直 説 法			
① **avoir** 現在分詞 ayant 過去分詞 eu [y]	現在 j' ai [e] tu as il a nous avons vous avez ils ont	半過去 j' avais tu avais il avait nous avions vous aviez ils avaient	単純過去 j' eus [y] tu eus il eut nous eûmes vous eûtes ils eurent	単純未来 j' aurai tu auras il aura nous aurons vous aurez ils auront
	複合過去 j' ai eu tu as eu il a eu nous avons eu vous avez eu ils ont eu	大過去 j' avais eu tu avais eu il avait eu nous avions eu vous aviez eu ils avaient eu	前過去 j' eus eu tu eus eu il eut eu nous eûmes eu vous eûtes eu ils eurent eu	前未来 j' aurai eu tu auras eu il aura eu nous aurons eu vous aurez eu ils auront eu
② **être** 現在分詞 étant 過去分詞 été	現在 je suis tu es il est nous sommes vous êtes ils sont	半過去 j' étais tu étais il était nous étions vous étiez ils étaient	単純過去 je fus tu fus il fut nous fûmes vous fûtes ils furent	単純未来 je serai tu seras il sera nous serons vous serez ils seront
	複合過去 j' ai été tu as été il a été nous avons été vous avez été ils ont été	大過去 j' avais été tu avais été il avait été nous avions été vous aviez été ils avaient été	前過去 j' eus été tu eus été il eut été nous eûmes été vous eûtes été ils eurent été	前未来 j' aurai été tu auras été il aura été nous aurons été vous aurez été ils auront été
③ **aimer** 現在分詞 aimant 過去分詞 aimé 第1群 規則動詞	現在 j' aime tu aimes il aime nous aimons vous aimez ils aiment	半過去 j' aimais tu aimais il aimait nous aimions vous aimiez ils aimaient	単純過去 j' aimai tu aimas il aima nous aimâmes vous aimâtes ils aimèrent	単純未来 j' aimerai tu aimeras il aimera nous aimerons vous aimerez ils aimeront
	複合過去 j' ai aimé tu as aimé il a aimé nous avons aimé vous avez aimé ils ont aimé	大過去 j' avais aimé tu avais aimé il avait aimé nous avions aimé vous aviez aimé ils avaient aimé	前過去 j' eus aimé tu eus aimé il eut aimé nous eûmes aimé vous eûtes aimé ils eurent aimé	前未来 j' aurai aimé tu auras aimé il aura aimé nous aurons aimé vous aurez aimé ils auront aimé
④ **finir** 現在分詞 finissant 過去分詞 fini 第2群 規則動詞	現在 je finis tu finis il finit nous finissons vous finissez ils finissent	半過去 je finissais tu finissais il finissait nous finissions vous finissiez ils finissaient	単純過去 je finis tu finis il finit nous finîmes vous finîtes ils finirent	単純未来 je finirai tu finiras il finira nous finirons vous finirez ils finiront
	複合過去 j' ai fini tu as fini il a fini nous avons fini vous avez fini ils ont fini	大過去 j' avais fini tu avais fini il avait fini nous avions fini vous aviez fini ils avaient fini	前過去 j' eus fini tu eus fini il eut fini nous eûmes fini vous eûtes fini ils eurent fini	前未来 j' aurai fini tu auras fini il aura fini nous aurons fini vous aurez fini ils auront fini

条件法	接続法		命令法
現在 j' aurais tu aurais il aurait nous aurions vous auriez ils auraient	現在 j' aie [ε] tu aies il ait nous ayons vous ayez ils aient	半過去 j' eusse tu eusses il eût nous eussions vous eussiez ils eussent	aie ayons ayez
過去 j' aurais eu tu aurais eu il aurait eu nous aurions eu vous auriez eu ils auraient eu	過去 j' aie eu tu aies eu il ait eu nous ayons eu vous ayez eu ils aient eu	大過去 j' eusse eu tu eusses eu il eût eu nous eussions eu vous eussiez eu ils eussent eu	
現在 je serais tu serais il serait nous serions vous seriez ils seraient	現在 je sois tu sois il soit nous soyons vous soyez ils soient	半過去 je fusse tu fusses il fût nous fussions vous fussiez ils fussent	sois soyons soyez
過去 j' aurais été tu aurais été il aurait été nous aurions été vous auriez été ils auraient été	過去 j' aie été tu aies été il ait été nous ayons été vous ayez été ils aient été	大過去 j' eusse été tu eusses été il eût été nous eussions été vous eussiez été ils eussent été	
現在 j' aimerais tu aimerais il aimerait nous aimerions vous aimeriez ils aimeraient	現在 j' aime tu aimes il aime nous aimions vous aimiez ils aiment	半過去 j' aimasse tu aimasses il aimât nous aimassions vous aimassiez ils aimassent	aime aimons aimez
過去 j' aurais aimé tu aurais aimé il aurait aimé nous aurions aimé vous auriez aimé ils auraient aimé	過去 j' aie aimé tu aies aimé il ait aimé nous ayons aimé vous ayez aimé ils aient aimé	大過去 j' eusse aimé tu eusses aimé il eût aimé nous eussions aimé vous eussiez aimé ils eussent aimé	
現在 je finirais tu finirais il finirait nous finirions vous finiriez ils finiraient	現在 je finisse tu finisses il finisse nous finissions vous finissiez ils finissent	半過去 je finisse tu finisses il finît nous finissions vous finissiez ils finissent	finis finissons finissez
過去 j' aurais fini tu aurais fini il aurait fini nous aurions fini vous auriez fini ils auraient fini	過去 j' aie fini tu aies fini il ait fini nous ayons fini vous ayez fini ils aient fini	大過去 j' eusse fini tu eusses fini il eût fini nous eussions fini vous eussiez fini ils eussent fini	

不定法 現在分詞 過去分詞	直説法			
	現在	半過去	単純過去	単純未来
⑤ **acheter** achetant acheté	j' achète tu achètes il achète n. achetons v. achetez ils achètent	j' achetais tu achetais il achetait n. achetions v. achetiez ils achetaient	j' achetai tu achetas il acheta n. achetâmes v. achetâtes ils achetèrent	j' achèterai tu achèteras il achètera n. achèterons v. achèterez ils achèteront
⑥ **aller** allant allé	je **vais** tu **vas** il **va** n. allons v. allez ils **vont**	j' allais tu allais il allait n. allions v. alliez ils allaient	j' allai tu allas il alla n. allâmes v. allâtes ils allèrent	j' irai tu iras il ira n. irons v. irez ils iront
⑦ **appeler** appelant appelé	j' appelle tu appelles il appelle n. appelons v. appelez ils appellent	j' appelais tu appelais il appelait n. appelions v. appeliez ils appelaient	j' appelai tu appelas il appela n. appelâmes v. appelâtes ils appelèrent	j' appellerai tu appelleras il appellera n. appellerons v. appellerez ils appelleront
⑧ **asseoir** asseyant (assoyant) assis	j' assieds [asje] tu assieds il assied n. asseyons v. asseyez ils asseyent ――――――― j' assois tu assois il assoit n. assoyons v. assoyez ils assoient	j' asseyais tu asseyais il asseyait n. asseyions v. asseyiez ils asseyaient ――――――― j' assoyais tu assoyais il assoyait n. assoyions v. assoyiez ils assoyaient	j' assis tu assis il assit n. assîmes v. assîtes ils assirent	j' assiérai tu assiéras il assiéra n. assiérons v. assiérez ils assiéront ――――――― j' assoirai tu assoiras il assoira n. assoirons v. assoirez ils assoiront
⑨ **battre** battant battu	je bats tu bats il bat n. battons v. battez ils battent	je battais tu battais il battait n. battions v. battiez ils battaient	je battis tu battis il battit n. battîmes v. battîtes ils battirent	je battrai tu battras il battra n. battrons v. battrez ils battront
⑩ **boire** buvant bu	je bois tu bois il boit n. buvons v. buvez ils boivent	je buvais tu buvais il buvait n. buvions v. buviez ils buvaient	je bus tu bus il but n. bûmes v. bûtes ils burent	je boirai tu boiras il boira n. boirons v. boirez ils boiront
⑪ **conduire** conduisant conduit	je conduis tu conduis il conduit n. conduisons v. conduisez ils conduisent	je conduisais tu conduisais il conduisait n. conduisions v. conduisiez ils conduisaient	je conduisis tu conduisis il conduisit n. conduisîmes v. conduisîtes ils conduisirent	je conduirai tu conduiras il conduira n. conduirons v. conduirez ils conduiront

条件法	接続法		命令法	同型
現在	現在	半過去		
j' achèterais tu achèterais il achèterait n. achèterions v. achèteriez ils achèteraient	j' achète tu achètes il achète n. achetions v. achetiez ils achètent	j' achetasse tu achetasses il achetât n. achetassions v. achetassiez ils achetassent	achète achetons achetez	achever lever mener promener soulever
j' irais tu irais il irait n. irions v. iriez ils iraient	j' aille tu ailles il aille n. allions v. alliez ils aillent	j' allasse tu allasses il allât n. allassions v. allassiez ils allassent	va allons allez	
j' appellerais tu appellerais il appellerait n. appellerions v. appelleriez ils appelleraient	j' appelle tu appelles il appelle n. appelions v. appeliez ils appellent	j' appelasse tu appelasses il appelât n. appelassions v. appelassiez ils appelassent	appelle appelons appelez	jeter rappeler
j' assiérais tu assiérais il assiérait n. assiérions v. assiériez ils assiéraient	j' asseye [asɛj] tu asseyes il asseye n. asseyions v. asseyiez ils asseyent	j' assisse tu assisses il assît n. assissions v. assissiez ils assissent	assieds asseyons asseyez	注 主として代名動詞 s'asseoir で使われる.
j' assoirais tu assoirais il assoirait n. assoirions v. assoiriez ils assoiraient	j' assoie tu assoies il assoie n. assoyions v. assoyiez ils assoient		assois assoyons assoyez	
je battrais tu battrais il battrait n. battrions v. battriez ils battraient	je batte tu battes il batte n. battions v. battiez ils battent	je battisse tu battisses il battît n. battissions v. battissiez ils battissent	bats battons battez	abattre combattre
je boirais tu boirais il boirait n. boirions v. boiriez ils boiraient	je boive tu boives il boive n. buvions v. buviez ils boivent	je busse tu busses il bût n. bussions v. bussiez ils bussent	bois buvons buvez	
je conduirais tu conduirais il conduirait n. conduirions v. conduiriez ils conduiraient	je conduise tu conduises il conduise n. conduisions v. conduisiez ils conduisent	je conduisisse tu conduisisses il conduisît n. conduisissions v. conduisissiez ils conduisissent	conduis conduisons conduisez	construire détruire instruire introduire produire traduire

不定法 現在分詞 過去分詞	直 説 法			
	現　在	半過去	単純過去	単純未来
⑫ **connaître** connaissant connu	je connais tu connais il connaît n. connaissons v. connaissez ils connaissent	je connaissais tu connaissais il connaissait n. connaissions v. connaissiez ils connaissaient	je connus tu connus il connut n. connûmes v. connûtes ils connurent	je connaîtrai tu connaîtras il connaîtra n. connaîtrons v. connaîtrez ils connaîtront
⑬ **courir** courant couru	je cours tu cours il court n. courons v. courez ils courent	je courais tu courais il courait n. courions v. couriez ils couraient	je courus tu courus il courut n. courûmes v. courûtes ils coururent	je courrai tu courras il courra n. courrons v. courrez ils courront
⑭ **craindre** craignant craint	je crains tu crains il craint n. craignons v. craignez ils craignent	je craignais tu craignais il craignait n. craignions v. craigniez ils craignaient	je craignis tu craignis il craignit n. craignîmes v. craignîtes ils craignirent	je craindrai tu craindras il craindra n. craindrons v. craindrez ils craindront
⑮ **croire** croyant cru	je crois tu crois il croit n. croyons v. croyez ils croient	je croyais tu croyais il croyait n. croyions v. croyiez ils croyaient	je crus tu crus il crut n. crûmes v. crûtes ils crurent	je croirai tu croiras il croira n. croirons v. croirez ils croiront
⑯ **devoir** devant dû, due, dus, dues	je dois tu dois il doit n. devons v. devez ils doivent	je devais tu devais il devait n. devions v. deviez ils devaient	je dus tu dus il dut n. dûmes v. dûtes ils durent	je devrai tu devras il devra n. devrons v. devrez ils devront
⑰ **dire** disant dit	je dis tu dis il dit n. disons v. dites ils disent	je disais tu disais il disait n. disions v. disiez ils disaient	je dis tu dis il dit n. dîmes v. dîtes ils dirent	je dirai tu diras il dira n. dirons v. direz ils diront
⑱ **écrire** écrivant écrit	j' écris tu écris il écrit n. écrivons v. écrivez ils écrivent	j' écrivais tu écrivais il écrivait n. écrivions v. écriviez ils écrivaient	j' écrivis tu écrivis il écrivit n. écrivîmes v. écrivîtes ils écrivirent	j' écrirai tu écriras il écrira n. écrirons v. écrirez ils écriront
⑲ **employer** employant employé	j' emploie tu emploies il emploie n. employons v. employez ils emploient	j' employais tu employais il employait n. employions v. employiez ils employaient	j' employai tu employas il employa n. employâmes v. employâtes ils employèrent	j' emploierai tu emploieras il emploiera n. emploierons v. emploierez ils emploieront

条件法	接続法		命令法	同型
現在	現在	半過去		
je connaîtrais tu connaîtrais il connaîtrait n. connaîtrions v. connaîtriez ils connaîtraient	je connaisse tu connaisses il connaisse n. connaissions v. connaissiez ils connaissent	je connusse tu connusses il connût n. connussions v. connussiez ils connussent	connais connaissons connaissez	apparaître disparaître paraître reconnaître
je courrais tu courrais il courrait n. courrions v. courriez ils courraient	je coure tu coures il coure n. courions v. couriez ils courent	je courusse tu courusses il courût n. courussions v. courussiez ils courussent	cours courons courez	accourir parcourir
je craindrais tu craindrais il craindrait n. craindrions v. craindriez ils craindraient	je craigne tu craignes il craigne n. craignions v. craigniez ils craignent	je craignisse tu craignisses il craignît n. craignissions v. craignissiez ils craignissent	crains craignons craignez	atteindre éteindre joindre peindre plaindre
je croirais tu croirais il croirait n. croirions v. croiriez ils croiraient	je croie tu croies il croie n. croyions v. croyiez ils croient	je crusse tu crusses il crût n. crussions v. crussiez ils crussent	crois croyons croyez	
je devrais tu devrais il devrait n. devrions v. devriez ils devraient	je doive tu doives il doive n. devions v. deviez ils doivent	je dusse tu dusses il dût n. dussions v. dussiez ils dussent		
je dirais tu dirais il dirait n. dirions v. diriez ils diraient	je dise tu dises il dise n. disions v. disiez ils disent	je disse tu disses il dît n. dissions v. dissiez ils dissent	dis disons di**tes**	
j' écrirais tu écrirais il écrirait n. écririons v. écririez ils écriraient	j' écrive tu écrives il écrive n. écrivions v. écriviez ils écrivent	j' écrivisse tu écrivisses il écrivît n. écrivissions v. écrivissiez ils écrivissent	écris écrivons écrivez	décrire inscrire
j' emploierais tu emploierais il emploierait n. emploierions v. emploieriez ils emploieraient	j' emploie tu emploies il emploie n. employions v. employiez ils emploient	j' employasse tu employasses il employât n. employassions v. employassiez ils employassent	emploie employons employez	aboyer nettoyer noyer tutoyer

不定法 現在分詞 過去分詞	直説法			
	現　在	半過去	単純過去	単純未来
⑳ **envoyer** envoyant envoyé	j' envoie tu envoies il envoie n. envoyons v. envoyez ils envoient	j' envoyais tu envoyais il envoyait n. envoyions v. envoyiez ils envoyaient	j' envoyai tu envoyas il envoya n. envoyâmes v. envoyâtes ils envoyèrent	j' enverrai tu enverras il enverra n. enverrons v. enverrez ils enverront
㉑ **faire** faisant [fəzɑ̃] fait	je fais [fɛ] tu fais il fait n. faisons [fəzɔ̃] v. faites [fɛt] ils font	je faisais [fəzɛ] tu faisais il faisait n. faisions v. faisiez ils faisaient	je fis tu fis il fit n. fîmes v. fîtes ils firent	je ferai tu feras il fera n. ferons v. ferez ils feront
㉒ **falloir** — fallu	il faut	il fallait	il fallut	il faudra
㉓ **fuir** fuyant fui	je fuis tu fuis il fuit n. fuyons v. fuyez ils fuient	je fuyais tu fuyais il fuyait n. fuyions v. fuyiez ils fuyaient	je fuis tu fuis il fuit n. fuîmes v. fuîtes ils fuirent	je fuirai tu fuiras il fuira n. fuirons v. fuirez ils fuiront
㉔ **lire** lisant lu	je lis tu lis il lit n. lisons v. lisez ils lisent	je lisais tu lisais il lisait n. lisions v. lisiez ils lisaient	je lus tu lus il lut n. lûmes v. lûtes ils lurent	je lirai tu liras il lira n. lirons v. lirez ils liront
㉕ **manger** mangeant mangé	je mange tu manges il mange n. mangeons v. mangez ils mangent	je mangeais tu mangeais il mangeait n. mangions v. mangiez ils mangeaient	je mangeai tu mangeas il mangea n. mangeâmes v. mangeâtes ils mangèrent	je mangerai tu mangeras il mangera n. mangerons v. mangerez ils mangeront
㉖ **mettre** mettant mis	je mets tu mets il met n. mettons v. mettez ils mettent	je mettais tu mettais il mettait n. mettions v. mettiez ils mettaient	je mis tu mis il mit n. mîmes v. mîtes ils mirent	je mettrai tu mettras il mettra n. mettrons v. mettrez ils mettront
㉗ **mourir** mourant mort	je meurs tu meurs il meurt n. mourons v. mourez ils meurent	je mourais tu mourais il mourait n. mourions v. mouriez ils mouraient	je mourus tu mourus il mourut n. mourûmes v. mourûtes ils moururent	je mourrai tu mourras il mourra n. mourrons v. mourrez ils mourront

条件法	接続法		命令法	同型
現在	現在	半過去		
j' enverrais tu enverrais il enverrait n. enverrions v. enverriez ils enverraient	j' envoie tu envoies il envoie n. envoyions v. envoyiez ils envoient	j' envoyasse tu envoyasses il envoyât n. envoyassions v. envoyassiez ils envoyassent	envoie envoyons envoyez	renvoyer
je ferais tu ferais il ferait n. ferions v. feriez ils feraient	je fasse tu fasses il fasse n. fassions v. fassiez ils fassent	je fisse tu fisses il fît n. fissions v. fissiez ils fissent	fais faisons faites	défaire refaire satisfaire
il faudrait	il faille	il fallût		
je fuirais tu fuirais il fuirait n. fuirions v. fuiriez ils fuiraient	je fuie tu fuies il fuie n. fuyions v. fuyiez ils fuient	je fuisse tu fuisses il fuît n. fuissions v. fuissiez ils fuissent	fuis fuyons fuyez	s'enfuir
je lirais tu lirais il lirait n. lirions v. liriez ils liraient	je lise tu lises il lise n. lisions v. lisiez ils lisent	je lusse tu lusses il lût n. lussions v. lussiez ils lussent	lis lisons lisez	élire relire
je mangerais tu mangerais il mangerait n. mangerions v. mangeriez ils mangeraient	je mange tu manges il mange n. mangions v. mangiez ils mangent	je mangeasse tu mangeasses il mangeât n. mangeassions v. mangeassiez ils mangeassent	mange mangeons mangez	changer déranger nager obliger partager voyager
je mettrais tu mettrais il mettrait n. mettrions v. mettriez ils mettraient	je mette tu mettes il mette n. mettions v. mettiez ils mettent	je misse tu misses il mît n. missions v. missiez ils missent	mets mettons mettez	admettre commettre permettre promettre remettre
je mourrais tu mourrais il mourrait n. mourrions v. mourriez ils mourraient	je meure tu meures il meure n. mourions v. mouriez ils meurent	je mourusse tu mourusses il mourût n. mourussions v. mourussiez ils mourussent	meurs mourons mourez	

不定法 現在分詞 過去分詞	直 説 法			
	現　在	半過去	単純過去	単純未来
㉘ **naître** naissant né	je nais tu nais il naît n. naissons v. naissez ils naissent	je naissais tu naissais il naissait n. naissions v. naissiez ils naissaient	je naquis tu naquis il naquit n. naquîmes v. naquîtes ils naquirent	je naîtrai tu naîtras il naîtra n. naîtrons v. naîtrez ils naîtront
㉙ **ouvrir** ouvrant ouvert	j' ouvre tu ouvres il ouvre n. ouvrons v. ouvrez ils ouvrent	j' ouvrais tu ouvrais il ouvrait n. ouvrions v. ouvriez ils ouvraient	j' ouvris tu ouvris il ouvrit n. ouvrîmes v. ouvrîtes ils ouvrirent	j' ouvrirai tu ouvriras il ouvrira n. ouvrirons v. ouvrirez ils ouvriront
㉚ **partir** partant parti	je pars tu pars il part n. partons v. partez ils partent	je partais tu partais il partait n. partions v. partiez ils partaient	je partis tu partis il partit n. partîmes v. partîtes ils partirent	je partirai tu partiras il partira n. partirons v. partirez ils partiront
㉛ **payer** payant payé	je paie [pɛ] tu paies il paie n. payons v. payez ils paient ---- je paye [pɛj] tu payes il paye n. payons v. payez ils payent	je payais tu payais il payait n. payions v. payiez ils payaient	je payai tu payas il paya n. payâmes v. payâtes ils payèrent	je paierai tu paieras il paiera n. paierons v. paierez ils paieront ---- je payerai tu payeras il payera n. payerons v. payerez ils payeront
㉜ **placer** plaçant placé	je place tu places il place n. plaçons v. placez ils placent	je plaçais tu plaçais il plaçait n. placions v. placiez ils plaçaient	je plaçai tu plaças il plaça n. plaçâmes v. plaçâtes ils placèrent	je placerai tu placeras il placera n. placerons v. placerez ils placeront
㉝ **plaire** plaisant plu	je plais tu plais il plaît n. plaisons v. plaisez ils plaisent	je plaisais tu plaisais il plaisait n. plaisions v. plaisiez ils plaisaient	je plus tu plus il plut n. plûmes v. plûtes ils plurent	je plairai tu plairas il plaira n. plairons v. plairez ils plairont
㉞ **pleuvoir** pleuvant plu	il pleut	il pleuvait	il plut	il pleuvra

条件法	接続法		命令法	同型
現在	現在	半過去		
je naîtrais tu naîtrais il naîtrait n. naîtrions v. naîtriez ils naîtraient	je naisse tu naisses il naisse n. naissions v. naissiez ils naissent	je naquisse tu naquisses il naquît n. naquissions v. naquissiez ils naquissent	nais naissons naissez	
j' ouvrirais tu ouvrirais il ouvrirait n. ouvririons v. ouvririez ils ouvriraient	j' ouvre tu ouvres il ouvre n. ouvrions v. ouvriez ils ouvrent	j' ouvrisse tu ouvrisses il ouvrît n. ouvrissions v. ouvrissiez ils ouvrissent	ouvre ouvrons ouvrez	couvrir découvrir offrir souffrir
je partirais tu partirais il partirait n. partirions v. partiriez ils partiraient	je parte tu partes il parte n. partions v. partiez ils partent	je partisse tu partisses il partît n. partissions v. partissiez ils partissent	pars partons partez	dormir ressortir sentir servir sortir
je paierais tu paierais il paierait n. paierions v. paieriez ils paieraient	je paie tu paies il paie n. payions v. payiez ils paient	je payasse tu payasses il payât n. payassions v. payassiez ils payassent	paie payons payez	effrayer essayer
je payerais tu payerais il payerait n. payerions v. payeriez ils payeraient	je paye tu payes il paye n. payions v. payiez ils payent		paye payons payez	
je placerais tu placerais il placerait n. placerions v. placeriez ils placeraient	je place tu places il place n. placions v. placiez ils placent	je plaçasse tu plaçasses il plaçât n. plaçassions v. plaçassiez ils plaçassent	place plaçons placez	annoncer avancer commencer forcer lancer prononcer
je plairais tu plairais il plairait n. plairions v. plairiez ils plairaient	je plaise tu plaises il plaise n. plaisions v. plaisiez ils plaisent	je plusse tu plusses il plût n. plussions v. plussiez ils plussent	plais plaisons plaisez	complaire déplaire (se) taire 注 過去分詞 plu は不変
il pleuvrait	il pleuve	il plût		

不定法 現在分詞 過去分詞	直説法			
	現在	半過去	単純過去	単純未来
㉟ **pouvoir** pouvant pu	je peux (puis) tu peux il peut n. pouvons v. pouvez ils peuvent	je pouvais tu pouvais il pouvait n. pouvions v. pouviez ils pouvaient	je pus tu pus il put n. pûmes v. pûtes ils purent	je pourrai tu pourras il pourra n. pourrons v. pourrez ils pourront
㊱ **préférer** préférant préféré	je préfère tu préfères il préfère n. préférons v. préférez ils préfèrent	je préférais tu préférais il préférait n. préférions v. préfériez ils préféraient	je préférai tu préféras il préféra n. préférâmes v. préférâtes ils préférèrent	je préférerai tu préféreras il préférera n. préférerons v. préférerez ils préféreront
㊲ **prendre** prenant pris	je prends tu prends il prend n. prenons v. prenez ils prennent	je prenais tu prenais il prenait n. prenions v. preniez ils prenaient	je pris tu pris il prit n. prîmes v. prîtes ils prirent	je prendrai tu prendras il prendra n. prendrons v. prendrez ils prendront
㊳ **recevoir** recevant reçu	je reçois tu reçois il reçoit n. recevons v. recevez ils reçoivent	je recevais tu recevais il recevait n. recevions v. receviez ils recevaient	je reçus tu reçus il reçut n. reçûmes v. reçûtes ils reçurent	je recevrai tu recevras il recevra n. recevrons v. recevrez ils recevront
㊴ **rendre** rendant rendu	je rends tu rends il rend n. rendons v. rendez ils rendent	je rendais tu rendais il rendait n. rendions v. rendiez ils rendaient	je rendis tu rendis il rendit n. rendîmes v. rendîtes ils rendirent	je rendrai tu rendras il rendra n. rendrons v. rendrez ils rendront
㊵ **résoudre** résolvant résolu	je résous tu résous il résout n. résolvons v. résolvez ils résolvent	je résolvais tu résolvais il résolvait n. résolvions v. résolviez ils résolvaient	je résolus tu résolus il résolut n. résolûmes v. résolûtes ils résolurent	je résoudrai tu résoudras il résoudra n. résoudrons v. résoudrez ils résoudront
㊶ **rire** riant ri	je ris tu ris il rit n. rions v. riez ils rient	je riais tu riais il riait n. riions v. riiez ils riaient	je ris tu ris il rit n. rîmes v. rîtes ils rirent	je rirai tu riras il rira n. rirons v. rirez ils riront
㊷ **savoir** sachant su	je sais tu sais il sait n. savons v. savez ils savent	je savais tu savais il savait n. savions v. saviez ils savaient	je sus tu sus il sut n. sûmes v. sûtes ils surent	je saurai tu sauras il saura n. saurons v. saurez ils sauront

条件法	接続法		命令法	同型
現在	現在	半過去		
je pourrais tu pourrais il pourrait n. pourrions v. pourriez ils pourraient	je puisse tu puisses il puisse n. puissions v. puissiez ils puissent	je pusse tu pusses il pût n. pussions v. pussiez ils pussent		
je préférerais tu préférerais il préférerait n. préférerions v. préféreriez ils préféreraient	je préfère tu préfères il préfère n. préférions v. préfériez ils préfèrent	je préférasse tu préférasses il préférât n. préférassions v. préférassiez ils préférassent	préfère préférons préférez	céder considérer espérer pénétrer posséder répéter
je prendrais tu prendrais il prendrait n. prendrions v. prendriez ils prendraient	je prenne tu prennes il prenne n. prenions v. preniez ils prennent	je prisse tu prisses il prît n. prissions v. prissiez ils prissent	prends prenons prenez	apprendre comprendre entreprendre reprendre surprendre
je recevrais tu recevrais il recevrait n. recevrions v. recevriez ils recevraient	je reçoive tu reçoives il reçoive n. recevions v. receviez ils reçoivent	je reçusse tu reçusses il reçût n. reçussions v. reçussiez ils reçussent	reçois recevons recevez	apercevoir concevoir décevoir
je rendrais tu rendrais il rendrait n. rendrions v. rendriez ils rendraient	je rende tu rendes il rende n. rendions v. rendiez ils rendent	je rendisse tu rendisses il rendît n. rendissions v. rendissiez ils rendissent	rends rendons rendez	attendre descendre entendre perdre répondre vendre
je résoudrais tu résoudrais il résoudrait n. résoudrions v. résoudriez ils résoudraient	je résolve tu résolves il résolve n. résolvions v. résolviez ils résolvent	je résolusse tu résolusses il résolût n. résolussions v. résolussiez ils résolussent	résous résolvons résolvez	
je rirais tu rirais il rirait n. ririons v. ririez ils riraient	je rie tu ries il rie n. riions v. riiez ils rient	je risse tu risses il rît n. rissions v. rissiez ils rissent	ris rions riez	sourire 注 過去分詞 ri は不変
je saurais tu saurais il saurait n. saurions v. sauriez ils sauraient	je sache tu saches il sache n. sachions v. sachiez ils sachent	je susse tu susses il sût n. sussions v. sussiez ils sussent	sache sachons sachez	

不定法 現在分詞 過去分詞	直説法			
	現在	半過去	単純過去	単純未来
㊸ **suffire** suffisant suffi	je suffis tu suffis il suffit n. suffisons v. suffisez ils suffisent	je suffisais tu suffisais il suffisait n. suffisions v. suffisiez ils suffisaient	je suffis tu suffis il suffit n. suffîmes v. suffîtes ils suffirent	je suffirai tu suffiras il suffira n. suffirons v. suffirez ils suffiront
㊹ **suivre** suivant suivi	je suis tu suis il suit n. suivons v. suivez ils suivent	je suivais tu suivais il suivait n. suivions v. suiviez ils suivaient	je suivis tu suivis il suivit n. suivîmes v. suivîtes ils suivirent	je suivrai tu suivras il suivra n. suivrons v. suivrez ils suivront
㊺ **vaincre** vainquant vaincu	je vaincs tu vaincs il vainc n. vainquons v. vainquez ils vainquent	je vainquais tu vainquais il vainquait n. vainquions v. vainquiez ils vainquaient	je vainquis tu vainquis il vainquit n. vainquîmes v. vainquîtes ils vainquirent	je vaincrai tu vaincras il vaincra n. vaincrons v. vaincrez ils vaincront
㊻ **valoir** valant valu	je vaux tu vaux il vaut n. valons v. valez ils valent	je valais tu valais il valait n. valions v. valiez ils valaient	je valus tu valus il valut n. valûmes v. valûtes ils valurent	je vaudrai tu vaudras il vaudra n. vaudrons v. vaudrez ils vaudront
㊼ **venir** venant venu	je viens tu viens il vient n. venons v. venez ils viennent	je venais tu venais il venait n. venions v. veniez ils venaient	je vins tu vins il vint n. vînmes v. vîntes ils vinrent	je viendrai tu viendras il viendra n. viendrons v. viendrez ils viendront
㊽ **vivre** vivant vécu	je vis tu vis il vit n. vivons v. vivez ils vivent	je vivais tu vivais il vivait n. vivions v. viviez ils vivaient	je vécus tu vécus il vécut n. vécûmes v. vécûtes ils vécurent	je vivrai tu vivras il vivra n. vivrons v. vivrez ils vivront
㊾ **voir** voyant vu	je vois tu vois il voit n. voyons v. voyez ils voient	je voyais tu voyais il voyait n. voyions v. voyiez ils voyaient	je vis tu vis il vit n. vîmes v. vîtes ils virent	je verrai tu verras il verra n. verrons v. verrez ils verront
㊿ **vouloir** voulant voulu	je veux tu veux il veut n. voulons v. voulez ils veulent	je voulais tu voulais il voulait n. voulions v. vouliez ils voulaient	je voulus tu voulus il voulut n. voulûmes v. voulûtes ils voulurent	je voudrai tu voudras il voudra n. voudrons v. voudrez ils voudront

条件法	接続法		命令法	同型
現在	現在	半過去		
je suffirais tu suffirais il suffirait n. suffirions v. suffiriez ils suffiraient	je suffise tu suffises il suffise n. suffisions v. suffisiez ils suffisent	je suffisse tu suffisses il suffît n. suffissions v. suffissiez ils suffissent	suffis suffisons suffisez	注 過去分詞 suffi は不変
je suivrais tu suivrais il suivrait n. suivrions v. suivriez ils suivraient	je suive tu suives il suive n. suivions v. suiviez ils suivent	je suivisse tu suivisses il suivît n. suivissions v. suivissiez ils suivissent	suis suivons suivez	poursuivre
je vaincrais tu vaincrais il vaincrait n. vaincrions v. vaincriez ils vaincraient	je vainque tu vainques il vainque n. vainquions v. vainquiez ils vainquent	je vainquisse tu vainquisses il vainquît n. vainquissions v. vainquissiez ils vainquissent	vaincs vainquons vainquez	convaincre
je vaudrais tu vaudrais il vaudrait n. vaudrions v. vaudriez ils vaudraient	je vaille tu vailles il vaille n. valions v. valiez ils vaillent	je valusse tu valusses il valût n. valussions v. valussiez ils valussent		
je viendrais tu viendrais il viendrait n. viendrions v. viendriez ils viendraient	je vienne tu viennes il vienne n. venions v. veniez ils viennent	je vinsse tu vinsses il vînt n. vinssions v. vinssiez ils vinssent	viens venons venez	appartenir devenir obtenir revenir (se) souvenir tenir
je vivrais tu vivrais il vivrait n. vivrions v. vivriez ils vivraient	je vive tu vives il vive n. vivions v. viviez ils vivent	je vécusse tu vécusses il vécût n. vécussions v. vécussiez ils vécussent	vis vivons vivez	survivre
je verrais tu verrais il verrait n. verrions v. verriez ils verraient	je voie tu voies il voie n. voyions v. voyiez ils voient	je visse tu visses il vît n. vissions v. vissiez ils vissent	vois voyons voyez	entrevoir revoir
je voudrais tu voudrais il voudrait n. voudrions v. voudriez ils voudraient	je veuille tu veuilles il veuille n. voulions v. vouliez ils veuillent	je voulusse tu voulusses il voulût n. voulussions v. voulussiez ils voulussent	veuille veuillons veuillez	

◆ 動詞変化に関する注意

不定法
-er
-ir
-re
-oir

現在分詞
-ant

	直説法現在		直・半過去	直・単純未来	条・現在
je	-e	-s	-ais	-rai	-rais
tu	-es	-s	-ais	-ras	-rais
il	-e	-t	-ait	-ra	-rait
nous	-ons		-ions	-rons	-rions
vous	-ez		-iez	-rez	-riez
ils	-ent		-aient	-ront	-raient

	直・単純過去			接・現在	接・半過去	命令法	
je	-ai	-is	-us	-e	-sse		
tu	-as	-is	-us	-es	-sses	-e	-s
il	-a	-it	-ut	-e	-̂t		
nous	-âmes	-îmes	-ûmes	-ions	-ssions	-ons	
vous	-âtes	-îtes	-ûtes	-iez	-ssiez	-ez	
ils	-èrent	-irent	-urent	-ent	-ssent		

〔複合時制〕

直　説　法	条　件　法
複合過去（助動詞の直・現在＋過去分詞）	過　去（助動詞の条・現在＋過去分詞）
大　過　去（助動詞の直・半過去＋過去分詞）	接　続　法
前　過　去（助動詞の直・単純過去＋過去分詞）	過　去（助動詞の接・現在＋過去分詞）
前　未　来（助動詞の直・単純未来＋過去分詞）	大過去（助動詞の接・半過去＋過去分詞）

* **現在分詞**は，通常，直説法・現在1人称複数の語尾 -ons を -ant に変えて作ることができる．(nous connaissons → connaissant)
* **直説法・半過去**の1人称単数は，通常，直説法・現在1人称複数の語尾 -ons を -ais に変えて作ることができる．(nous buvons → je buvais)
* **直説法・単純未来と条件法・現在**は，通常，不定法から作ることができる．
  （単純未来：aimer → j'aimerai　　finir → je finirai　　écrire → j'écrirai）
  　　ただし，-oir 型動詞の語幹は不規則．(pouvoir → je pourrai　　savoir → je saurai)
* **接続法・現在**の1人称単数は，通常，直説法・現在3人称複数の語尾 -ent を -e に変えて作ることができる．(ils finissent → je finisse)
* **命令法**は，直説法・現在の2人称単数，1人称複数，2人称複数から，それぞれの主語 tu, nous, vous を取って作ることができる．（ただし，tu -es → -e　　tu vas → va）
  　　avoir, être, savoir, vouloir の命令法は接続法・現在から作る．

MA GRAMMAIRE

troisième édition

マ・グラメール（三訂版・CD付）

単語帳

[名]＝名詞
[男]＝男性名詞
[女]＝女性名詞
[固有]＝固有名詞
[形]＝形容詞
[副]＝副詞
[他]＝他動詞
[自]＝自動詞
[代動]＝代名動詞

2016年から新しいつづり字が使われ始めています。今はまだ旧来のつづり字が一般的なため、この教科書では、旧来のつづり字を採用していますが、単語帳には（　）の中に入れて新しいつづり字を併記します。両方ともが正しいつづり字です。

例：aîné, e (ainé, e)
　　旧つづり字（新つづり字）

A

à [前置詞] …に、…へ
absolument [副] 絶対に、完全に
abuser [他] 乱用する、悪用する // [代動] s'abuser 思い違いをする
accepter [他] 受け入れる
accident [男] 事故、災害
accompagner [他] 送って行く、一緒に行く
acheter [他] 買う
actif, ve [形] 活発な
adaptation [女] 適応、翻案
adorer [他] 大好きだ
adresse [女] 住所
affaire [女] 取引、事件、問題（複数で）実業、身の回りの品
affiche [女] ポスター、掲示
afficher [他] 掲示する
afin que [接続詞句] …するために
âge [男] 年齢
âgé, e [形] 歳を取った
agréable [形] 快い、気持ちの良い
agréablement [副] 気持ちよく、快適に
aide [女] 助け、援助
aider [他] 手伝う、助ける
aimer [他] …を愛する、好きだ // [代動] s'aimer 愛し合う
aîné, e(ainé, e) [形] 年長の
ainsi [副] こうして、そのように、そういうわけで
air [男] 空気、大気
Allemagne [固有][女] ドイツ
allemand, e [形] ドイツの
aller [自] 行く / aller bien 元気だ / aller bien à…, avec… …と（に）似合う / aller+inf. (近接未来) …するところ // [代動] s'en aller 立ち去る
allié, e [形] 同盟国の
Alsace [固有][女] アルザス
Alsacien, ne [名] アルザス地方の人
ambassade [女] 大使館
âme [女] 魂
Américain, e [名] アメリカ人
ami, e [名] 友人
amuser [他] 楽しませる // [代動] s'amuser 楽しむ

an [男] 年、歳
ananas [男] パイナップル
ancien, ne [形] 旧、古い、昔の
ange [男] 天使
anglais, e [形] イギリスの // [名] 英語
année [女] 年、歳
appartement [男] アパルトマン、マンション
appeler [他] 呼ぶ、電話をかける // [代動] s'appeler… …という名前である
apprendre [他] 学ぶ、習う、教える
après [前置詞] …の後で、後に / d'après… …によれば
après-demain [副] あさって
après-midi [男] 午後
arbre [男] 木、樹木
arc [男] 弓、アーチ
argent [男] 金（かね）、金銭、銀
arrière- [合成語要素] 「一世代前の、後ろの」の意 / arrière-grand-père 曽祖父
arrivée [女] 到着
arriver [自] 到着する、着く / arriver à… …できる
assemblée [女] 集会 / assemblée générale 総会
attendre [他] 待つ
au, aux 前置詞 à と定冠詞 le, les との縮約形
aucun, e [不定形容詞] （ne とともに）いかなる … もない
aujourd'hui [副] 今日
aussi [副] 同じく、…もまた、と同じくらい
auteur [男] 作者
auto [女] 自動車
automne [男] 秋
autoroute [女] 高速道路
autrefois [副] 昔、かつて
avant [前置詞] …の前に、までに // [副] 前に、以前は
avec [前置詞] …と一緒に、ともに
avenir [男] 未来、将来
avion [男] 飛行機
avoir [他] 持つ
avril [男] 4月

B

bagage [男] （かばんなどの）荷物
bague [女] （宝石のついた）指輪

baguette [女] 細い棒、箸、バゲット（パン）/ coup de baguette （魔法の）杖のひとふり

banque [女] 銀行

bas, se [形] 低い

beau, belle （男性単数第 2 形 bel, 男性複数形 beaux, 女性複数形 belles） [形] 美しい、すばらしい、見事な、晴れた

beaucoup [副] たいへん、よく / beaucoup de ＋無冠詞名詞　たくさんの…

bébé [男] 赤ん坊

bel → beau

besoin [男] 欲求 / avoir besoin de... …を必要とする

bibliothèque [女] 図書館

bien [副] よく、うまく、きちんと、順調に、非常に、ずっと、たしかに / bien que＋接続法　…にもかかわらず

bijou （複数形 bijoux） [男] 宝石、アクセサリー

Bissinger [固有] ビッシンガー（姓）

blanc, he [形] 白い

bleu, e [形] 青い

bœuf [男] 牛肉、牛

boire [他] 飲む //[自] 飲み物を飲む、酒を飲む

bois [男] 森、木、木材

bon, ne [形] 良い、正しい、おいしい、優れた

bonjour [男] おはよう、こんにちは

bouteille [女] 瓶

bras [男] 腕

Brésil [固有][男] ブラジル

brésilien, ne [形] ブラジルの

brosser [自] ブラシをかける //[代動] se brosser （自分の歯を）ブラシで磨く

bruit [男] 音、騒音

bureau （複数形 bureaux） [男] 机、デスク、書斎、事務室、事務用家具一式、会社、オフィス

C

ça [指示代名詞] それ、あれ、これ（話し言葉に多く用いられ、cela, ceci に代わる）

cadeau （複数形 cadeaux） [男] 贈り物、プレゼント

café [男] コーヒー、喫茶店、カフェ

cafétéria [女] カフェテリア、（企業・学校の）食堂

cahier [男] ノート

camarade [名] 仲間、同僚

camp [男] キャンプ

Canada [固有][男] カナダ

canadien, ne [形] カナダの

canard [男] アヒル、カモ（鴨）

capitaine [男] キャプテン

carnet [男] 手帳、（切手、小切手、切符などの）一つづり、回数券

carte [女] 証明書、カード、券、クレジットカード、トランプ、地図、メニュー、名刺、絵はがき

casser [他] 壊す、割る //[代動] se casser 壊れる、自分の〜を折る、痛める

catastrophe [女] 大災害、災難、破局

Catherine [固有] カトリーヌ（女性の名前）

CD [男] コンパクトディスク

ce [指示代名詞] それ、これ、あれ //[指示形容詞]（男性単数・母音字と無音のhの前 cet、女性単数 cette、男女複数 ces）この、あの、その

ceci [指示代名詞] これ

cela [指示代名詞] それ、あれ

celle → celui

celles → celui

celui （男性複数 ceux、女性単数 celle、女性複数 celles）[指示代名詞]（de をともなって既出の名詞に代わる）…のもの、(-ci, -là をともなって) こちらの人、あちらの人、こちらのもの、あちらのもの、(関係詞節をしたがえて) …の人 (々)

cercle [男] 円、輪

ces → ce

cet → ce

cette → ce

ceux → celui

chaise [女] （腕のない）椅子

chambre [女] 部屋、寝室

chance [女] 運、幸運、チャンス

changer [他] 変える、変わる / (de...) …を変える、…を取り替える

chanson [女] 歌

chant [男] 歌、さえずり

chanteur, se [名] 歌手

chanter [自] 歌う; [他]（歌を）歌う

chapeau （複数形 chapeaux） [男]（縁のついている）帽子

chaque [不定形容詞] …ごとに、各々の

charger [他] 荷を積む、負担をかける // se charger (de...) [代動] …を引き受ける
charmant, e [形] 魅力的な、感じがいい、すてきな
chat, te [名] ネコ（猫）
chaud, e [形] 暑い、熱い
chaussure [女] 靴
chemin [男] 道
chemise [女] シャツ、ワイシャツ
cher, ère [形] 高い、高価な、親しい
chercher [他] 探す / aller chercher 迎えに行く
cheveu (複数形 cheveux) [男] 髪の毛
cheville [女] くるぶし
chez [前置詞] …の家で（に）、…のところで（に）、…の店で（に）
chic [形] (不変) 粋な、洒落た
chien, ne [名] 犬
Chine [固有] [女] 中国
Chloé [固有] クロエ（女性の名前）
chocolat [男] チョコレート、ココア
choisir [他] 選ぶ、（選んで）決める
chose [女] 物、品物、事、事柄
chrétien, ne [名] キリスト教徒
-ci [副] (ce 〈cet, cette, ces〉 ... -ci の形で) この…
cimetière [男] 墓地、墓場
cinéma [男] 映画、映画館
citoyen, ne [名] 市民、国民 // [形] 市民の
citron [男] レモン
Claire [固有] クレール（女性の名前）
classe [女] クラス、学年、授業、教室
clé, clef [女] 鍵
cœur [男] 心臓、胸、心
collier [男] 首飾り、ネックレス
combien [副] いくつの、何個の、どのくらい、いくら
comme [接続詞] …のように、…として、…だから、…なので // [副] なんと、実に
commencer [自] 始まる / commencer à... …し始める；[他] 始める
comment [副] どのように、いかに、どんな風な
commodément [副] 安楽に、快適に
complet, ète [形] 完全な
comprendre [他] 理解する、わかる

compter [他] 数える；[自] compter sur... …を当てにする、頼りにする
concert [男] コンサート
conduire [他] 導く、運転する
confiture [女] ジャム
confort [男] 快適さ、安楽、(住居の) 設備
connaître (connaitre) [他] 知っている、知る
content, e [形] 満足している、嬉しい / être content de (que)... …が嬉しい、…に満足している
continuer [他] 続ける、引き継ぐ
copain, copine [名] 仲間、友達、ボーイフレンド、ガールフレンド
corporel, le [形] 身体の
corps [男] 身体
cou [男] 首
coucher [他] 寝かせる // [代動] se coucher 床につく、寝る
couleur [女] 色
coup [男] 一撃、(道具などの) 素早い使用
coupe [女] (広口・脚付きの) 杯、グラス、優勝杯、カップ / coupe du monde ワールドカップ
cour [女] 中庭
courage [男] 勇気、元気
courageux, euse [形] 勇敢な
cours [男] 流れ、経過、講義、課程
course [女] 走ること、買い物
cousin, e [名] いとこ
couteau (複数形 couteaux) [男] ナイフ
coûter [自] 値段が…である
craindre [他] 怖がる、心配する
cravate [女] ネクタイ
crayon [男] 鉛筆
croire [他] 思う、気がする、信じる
cuisine [女] 台所、キッチン、料理 / faire la cuisine 料理をする
cycle [男] サイクル

D

dame [女] (ご) 婦人、女性
danger [男] 危険
dangereux, euse [形] 危険な
dans [前置詞] …の中に、(今から) …後に
danser [自] 踊る
de [前置詞] …の、から、について、の中の //

[不定冠詞] [複数] （複数形容詞の前で des は de となる）// [否定の冠詞] 他動詞の直接目的補語につく不定冠詞・部分冠詞は否定文中で de になる

débarquement [男] 上陸
début [男] 初め、冒頭 / au début de... …の初めに
décider [他] 決める // [代動] se décider 決心する
dedans [副] 中に、中で
défaite [女] 敗北
dehors [副] 外に、外で
déjà [副] もう、すでに
déjeuner [自] 昼食を取る // [男] 昼食 / petit déjeuner 朝食
délégué, e [名] 代表
demain [副] 明日 // [男] （無冠詞で）明日
demander [他] 頼む、求める、依頼する、尋ねる、問う
déménager [他] 引っ越す
demeurer [自] …のままである
demi, e [名] 半分 ; [女] 半時間
dent [女] 歯
dépêcher [他] 急派する // [代動] se dépêcher 急ぐ
depuis [前置詞] …から、以来
député [名] 代議士、下院議員
dernier, ère [形] 最後の、最終の、最近の、最新の、この前の
des [不定冠詞] （un, une の複数形）ある、いくつかの、(前置詞 de と定冠詞複数形 les との縮約形 → de) …の、…から
descendre [自] 降りる、下車する、泊まる
dessert [男] デザート
dessiner [他] デッサンする、線で描く
devenir [自] …になる
deux [数形容詞] 2つの // [男] 2
deuxième [数形容詞] 2番目の
devoir [他] …しなければならない、…すべきだ、…するに違いない // [男] 義務、宿題
dictée [女] 書き取り、ディクテーション
dictionnaire [男] 辞書
différence [女] 違い
difficile [形] 難しい、困難な / difficile à +inf. …するのが難しい、…し難い

dimanche [男] 日曜日
dîner (diner) [自] 夕飯を取る // [男] 夕食
dire [他] 言う // [代動] se dire 言い合う、思う
directeur, trice [名] 長、校長、局長、部長、支配人、監督
dommage [男] 残念なこと
donc [接続詞] それゆえ、したがって
donner [他] 与える、渡す ; [自] (sur...) …に面している
dont [関係代名詞] (de を含む関係代名詞) その、その人の、それについて、その人について
dormir [自] 眠る
douche [女] シャワー
doué, e [形] 天分に恵まれた
douter [自] (de...) …を疑う
droit [男] 権利
drôle [形] おかしい、滑稽な、変な
du [部分冠詞] [男] いくらかの：男性形 du、女性形 de la、男女女性とも母音字・無音の h の前では de l'、不可算名詞 (物質名詞、抽象名詞) の不特定な若干量を表す // (前置詞 de と定冠詞男性単数形 le との縮約形 → de) …の、…から
Dupont [固有] デュポン (姓)
Durand [固有] デュラン (姓)

E

eau [女] 水
éclater [自] 爆発する、勃発する
école [女] 学校
écouter [他] （注意して）聞く、耳を傾ける
écrire [他] 書く、手紙を書く
édition [女] （印刷物の）版
égal, e （男性複数形 égaux、女性複数形 égales) [形] 平等な
église [女] 教会
éléphant [男] 象
élève [名] 生徒
elle [人称代名詞] 彼女は、それは、彼女、それ
elles [人称代名詞] 彼女たちは、それらは、彼女たち、それら
e-mail [男] E メール
émigrer [自] 移住する、亡命する
émission [女] 放送番組
empire [男] 帝国
emporter [他] 持っていく、持ち去る

en [前置詞] …に、…で、…において、…に乗って、…の状態で、…で出来た、…からなる /en+現在分詞 (＝ジェロンディフ) …しながら // [中性代名詞] それを、その
encore [副] まだ、再び、さらに
enfance [女] 幼年時代
enfant [名] 子供
ensemble [副] 一緒に
entendre [他] 聞こえる、聞く
entrer [自] 入る
épaule [女] 肩
épouser [他] …と結婚する
équipé, e [形] 設備の整った
Éric [固有] エリック (男性の名前)
et [接続詞] …と、そして
état [男] 状態 / É〜 国家
États-Unis [固有][男][複数] アメリカ合衆国
etc. など、等々 (＝et cætera)
été [男] 夏
étoile [女] 星
être [自] …である、…にいる、…にある、存在する
étude [女] 研究、(複数で) 勉強
étudiant, e [名] (大学の) 学生
euro [男] ユーロ (欧州連合通貨)
eux [人称代名詞] 彼ら、それら
examen [男] 試験
exercice [男] 運動、練習、練習問題
exister [自] 存在する、生きる
expliquer [他] 説明する
exposition [女] 展覧会

F

fâcher [他] 怒らせる // [代動] se fâcher 怒る、仲たがいする
façon [女] やり方、流儀、態度 / de façon que... …であるように、…するように
faculté [女] 学部、大学
faible [形] 弱い
faim [女] 空腹 / avoir faim 空腹である
faire [他] 作る、する、…させる // [代動] se faire (自分のために) 作る
falloir [非人称動詞] il faut＋*inf.* …しなければならない / il faut＋名詞 …が必要である

fantôme [男] 幽霊、亡霊、幻
fatigué, e [形] 疲れた
fée [女] 妖精
félicité [女] 幸福、喜び
femme [女] 女性、妻
fenêtre [女] 窓
fermer [他] 閉じる // [代動] se fermer 閉じる
feu [男] 火、火事、信号
feuilleton [男] 連載小説、連続ドラマ
fiancé, e [名] 婚約者
fièvre [女] 熱
fille [女] 娘、女の子
film [男] 映画作品
fin [女] 終わり
final, e [形] 最後の
finir [他] 終える；[自] 終わる
fleur [女] 花
foie [男] 肝臓、レバー
fois [女] …度、…回 / une fois …すると
footballeur, euse [名] サッカー選手
fort [副] 強く、大声で
fortune [女] 財産、運命、運
frais, fraîche(fraiche) [形] 涼しい、冷たい、新鮮な
français [男] フランス語
français, e [形] フランスの、フランス人の
Français, e [名] フランス人
France [女] フランス
Franche-Comté [固有][女] フランシュ＝コンテ (地域圏名)
François [固有] フランソワ (男性の名前)
Françoise [固有] フランソワーズ (女性の名前)
francophone [形] フランス語を話す、フランス語圏の
fréquenter [他] よく行く、頻繁に通う
frère [男] 兄、弟、兄弟
froid, e [形] 冷たい、寒い // [男] 寒さ / avoir froid 寒い / prendre froid 風邪をひく
fromage [男] チーズ
fruit [男] 果物
Futsch [固有] (姓) フュッチ
fumer [自] タバコを吸う

G

gagner [他] 稼ぐ、勝つ、(賞・名声などを) 得る
garage [男] 車庫、修理工場
garçon [男] 男の子、ウェイター
garde [女] 管理、保護、(集合的に) 衛兵、護衛隊
gare [女] (鉄道の) 駅
gâteau (複数形 gâteaux) [男] 菓子、ケーキ
geai [男] カケス (鳥)
gendre [男] 婿
général, e (男性複数形 généraux、女性複数形 générales) [形] 一般的な
genou [男] 膝
gens [男] [複数] 人々
gentil, le [形] 親切な、優しい
geôle [女] 牢獄
gingembre [男] ショウガ
girafe [女] キリン
gomme [女] 消しゴム
grand, e [形] 大きい、背が高い、たくさんの、偉大な / grand homme 偉人
grand-mère (複数形 grand(s)-mères) [女] 祖母
grandir [自] 成長する、大きくなる
grands-parents [男] [複数] 祖父母
grand-père (複数形 grands-pères) [男] 祖父
grave [形] 重大な、深刻な
gros, se [形] 太った、太い、大きい、厚い、大量の
groupe [男] グループ、集団
guerre [女] 戦争
guide [男] ガイド

H

habiller [他] 服を着せる // [代動] s'habiller 服を着る、ドレスアップする
habiter [自] 住む；[他] …に住む
haie [女] 生け垣
haricot [男] インゲン豆
harmonica [男] ハーモニカ
hélicoptère [男] ヘリコプター
herbe [女] 草、ハーブ
héros, héroïne [名] 主人公、英雄
heure [女] 時間、時刻、…時 / à l'heure 定刻に
heureux, se [形] 幸福な

hier [副] [名] きのう
histoire [女] 歴史、物語、出来事
hiver [男] 冬
homme [男] 男性、人間 / grand homme 偉人
hôpital [男] 病院
hôtel [男] ホテル
huile [女] 油
huit [数形容詞] 8つの //[男] 8

I

ici [副] ここ、ここに (で)
idée [女] 意見、思考
idole [女] アイドル
il [人称代名詞] 彼は、それは
île (ile) [女] 島
ils [人称代名詞] 彼らは、それらは
impérial, ale [形] 皇帝の、帝国の
important, e [形] 重要な、大きい
impossible [形] 不可能な
industriel, le [名] 実業家 // [形] 産業の、工業の
intelligent, e [形] 頭がいい
interdit, e [形] 禁じられた
intéressant, e [形] 面白い、得な、考慮に値する
internat [男] インターン期間、寄宿生の身分
interroger [他] 質問する
invisible [形] 目に見えない
inviter [他] 招待する
italien, ne [形] イタリアの
Italien, ne [名] イタリア人

J

jamais [副] かつて、いつか / ne … jamais いかなるときも…ない、一度も…ない / si jamais 万一…なら
jambe [女] 脚
Japon [固有] [男] 日本
japonais [男] 日本語
japonais, e [形] 日本の
Japonais, e [名] 日本人
jardin [男] 庭、公園
je [人称代名詞] 私は
Jean [固有] ジャン (男性の名前)
Jeanne [固有] ジャンヌ (女性の名前)
jeune [形] 若い // [名] (多く複数で) 若者
joie [女] 喜び

joli, e [形] きれいな、かわいい
Joseph [固有] ジョゼフ（男性の名前）
Joséphine [固有] ジョゼフィーヌ（女性の名前）
joue [女] 頬
jour [男] 1日、日、昼 / ce jour-là その日 / tous les jours 毎日
journal（複数形 journaux）[男] 新聞、日記
journaliste [名] ジャーナリスト
journée [女] 1日、昼間
juillet [男] 7月
jupe [女] スカート
jusque [前置詞] jusqu'à... …まで

K
kilo [男] キロ（グラム）（＝kilogramme）

L
la [定冠詞] [人称代名詞] → le
là [副] そこ、あそこ、ここ、そのとき
-là [副]（ce〈cet, cette, ces〉... -là の形で）あの…、その…
là-bas [副] あそこに、あそこで
lait [男] 牛乳
Lambert [固有] ランベール（姓）
laquelle → lequel
laver [他] 洗う // [代動] se laver（自分の体、手足などを）洗う
le, la, les [定冠詞] その、（総称）…というもの // [人称代名詞]（3人称直接目的補語）彼を、彼女を、彼らを、彼女たちを、それを、それらを // le [中性代名詞] そのこと、そう
Léa [固有] レア（女性の名前）
Leblanc [固有] ルブラン（姓）
léger, ère [形] 軽い
légume [男] 野菜
lendemain [男] 翌日
lequel, laquelle, lesquel, lesquelles [関係代名詞]（先行詞は主として物）…するところの // [疑問代名詞] どちら、どれ
les → le
lesquelles → lequel
lesquels → lequel
lettre [女] 文字、手紙
leur [人称代名詞]（→ lui）// [所有形容詞] 彼らの、彼女たちの、それらの // [所有代名詞]（定冠詞をつけて）彼らのもの、彼女たちのもの
leurs → leur [所有形容詞] [所有代名詞]
lever [他] 上げる // [代動] se lever 起きる
libano- [合成語要素] 「レバノンの」の意
libération [女] 解放、釈放
libre [形] 自由な
lieu [男] 場所 / avoir lieu 起こる、生じる、行われる
lire [他] 読む、（目的語なしで）本を読む
livre [男] 本
loi [女] 法
Londres [固有] ロンドン
long, ue [形] 長い // [男] 長さ / le long (de...) …に沿って
longtemps [副] 長い間
loto [男] ロトくじ
Louise [固有] ルイーズ（女性の名前）
lourd, e [形] 重い、（天気が）むしむしする
Louvre [固有] [男] ルーヴル美術館
Luc [固有] リュック（男性の名前）
lui [人称代名詞] 彼
lui, leur [人称代名詞] 彼に、彼女に、彼らに、彼女たちに
lumière [女] 光
lundi [男] 月曜日
lune [女] 月
lunette [女]（複数で）眼鏡

M
M. → monsieur（省略形）
ma → mon
madame [女]（女性の敬称）…さん
mademoiselle [女]（未婚女性の敬称）…さん
magasin [男] 店 / grand magasin デパート
magique [形] 魔法の
magnifique [形] すばらしい
maigrir [自] やせる
main [女] 手
maintenant [副] 今、さあ、それでは
mais [接続詞] しかし
maison [女] 家
maître, sse (maitre, sse) [名] 教師、先生
maîtresse → maître
mal（複数形 maux）[男] 苦労、痛み / avoir mal (à...) …が痛い

malade [形] 病気の // [名] 病人
malheure*ux, euse* [形] 不幸な
malheureusement [副] 不幸に、残念なことに
manga [男] マンガ
manger [他] 食べる
manquer [自] 欠けている、不足している、いなくて寂しい / Je n'y manquerai pas. 必ずそうする。
manteau [男] コート
marcher [自] 歩く、（機械などが）動く
Marguerite [固有] マルグリット（女性の名前）
mari [男] 夫
Marie [固有] マリー（女性の名前）
Marie-Antoinette [固有] マリー・アントワネット
marron [男] 栗 // [形] 栗色の
marseillais, *e* [形] マルセイユ(都市名)の / La Marseillaise ラ・マルセイエーズ(フランス国歌)
match [男] 試合
matin [男] 朝、午前中
mauvais, *e* [形] 悪い
maux →mal の複数形
me [人称代名詞] 私を、私に
méchant, *e* [形] 意地の悪い
médecin [男] 医者
médecine [女] 医学 / faculté de médecine 医学部
meilleur, *e* [形] よりよい（bon の優等比較級）/（定冠詞をつけて）最もよい（bon の優等最上級）
melon [男] メロン
menthe [女] ミント
menu [男] コース料理、メニュー
mer [女] 海
merci [男] ありがとう
mère [女] 母親
mes → mon
messieurs → monsieur
météo [女] 天気予報
métro [男] 地下鉄
mettre [他] 置く、いれる、つける、身につける、（金、時間を）かける、（テレビ等を）つける
midi [男] 正午
Midi [固有][男] 南フランス
mien, mienne, miens, miennes [所有代名詞]（定冠詞をつけて）私のもの

mieux [副] よりよく（bien の優等比較級）/（定冠詞をつけて）最もよく（bien の優等最上級）
mignon, *ne* [形] かわいい
militaire [形] 軍隊の、軍人の
minuit [男] 真夜中、夜中の 12 時
minute [女] 分
mixte [形] 混合の
moderne [形] 現代の、近代の
modestement [副] 質素に
moi [人称代名詞] 私
moins [副] より少なく
mois [男] 月、1ヶ月
moment [男] 瞬間、時間、時機
mon, ma, mes [所有形容詞] 私の
monde [男] 世界、人々 / tout le monde みんな
mondial, *e* [形] 世界の
monsieur（複数形 messieurs）[男]（男性に対するていねいな呼びかけ）…さん、男の人
monter [自] 登る、上がる、乗る
montre [女] 腕時計
montrer [他] 示す、見せる
moquer [代動] se moquer (de...) …をばかにする
mort, *e* [形] 死んだ // [名] 死者
mourir [自] 死ぬ、枯れる
mouton [男] 羊
Mulhouse [固有] ミュルーズ(都市名)
mur [男] 壁、塀
mûr, *e(mure)* [形] 熟した、成熟した
muraille [女] 城壁
murmure [男] ささやき
musée [男] 美術館、博物館
musique [女] 音楽

N

nager [自] 泳ぐ
naître (naitre) [自] 生まれる
nationalité [女] 国籍、国民性
nature [女] 自然
naturel, *le* [形] 自然の、生まれつきの
ne [副]（pas, jamais, plus など他の否定辞をともなって）…ない / ne ...que …しかない
né →naître の過去分詞 // [形] 生まれた
neige [女] 雪
neiger [非人称動詞] 雪が降る

neuf, ve [形] 新品の、新しい
neveu (複数形 neveux) [男] 甥
ni [接続詞] (ne…pas とともに)…も…もない
Nicolas [固有] ニコラ(男性の名前)
nœud [男] 結び目
noir, e [形] 黒い
nom [男] 名、姓、名前、名称
nombre [男] 数
nombreux, se [形] 多くの
non [副] いいえ
nos → notre
notre, nos [所有形容詞] 私たちの
nôtre, nôtres [所有代名詞] (定冠詞をつけて) 私たちのもの
nous [人称代名詞] 私たちは、私たちを、私たちに、私たち
nouveau, nouvelle (男性単数第2形 nouvel、男性複数形 nouveaux、女性複数形 nouvelles) [形] 新たな、新しい / de nouveau 再び
nouvel → nouveau
nouvelle [形]→nouveau // [女] ニュース、消息
nuage [男] 雲
nuit [女] 夜
numéro [男] 番号、ナンバー

O

obéir [自] (à…)…に従う
occupation [女] 占領、仕事
odeur [女] におい
œil (複数形 yeux) [男] 眼
offrir [他] 贈る
oiseau (複数形 oiseaux) [男] 鳥
ombre [女] 影
omelette [女] オムレツ
on [不定代名詞] 人は、人々は、だれかが、私たちは
oncle [男] 伯父、叔父
opérer [他] 手術する、行う、実行する
or [男] 金(きん)
orange [女] オレンジ
ordinateur [男] コンピュータ
où [疑問副詞] どこに、どこへ // [関係副詞] [関係代名詞] (場所、時)…するところの
oublier [他] 忘れる
oui [副] (肯定の答え)はい
ouverture [女] 開くこと / heures d'ouverture 開店(開館)時間

P

page [女] ページ、紙面、(作品の)部分、一節
pain [男] パン
par [前置詞] …を通って、…によって、…から、…につき、…ごとに、…ずつ
paraître (paraitre) [自] …のように見える、…のように思われる
parapluie [男] 雨傘
parce que [接続詞句] …だから、…なので、なぜなら
parent, e [名] (男性複数形で)両親
parfum [男] 香水、香り
Paris [固有] [男] パリ
parking [男] 駐車場
parler [自] 話す / parler de… …について話す // [代動] se parler 話される、話し合う
partir [自] 出発する
pas [副] (否定) …でない
passage [男] (文章の)一節
passé, e [形] 過去の、過ぎ去った // [男] 過去、昔
passer [自] 通過する // [他] 渡る、過ごす、渡す // [代動] se passer 起こる、行われる
pâte [女] 練り粉、生地、めん類、パスタ
Patrice [固有] パトリス(男性の名前)
Patricia [固有] パトリシア(女性の名前)
patron, ne [名] 経営者、上司
Paul [固有] ポール(男性の名前)
Pauline [固有] ポリーヌ(女性の名前)
pauvre [形] 貧しい、(名詞の前で)哀れな
pays [男] 国、地方
P.D.G [男] 社長
peau [女] 皮膚
peine [女] 苦しみ / Ce n'est pas la peine de… …するにはおよばない
peinture [女] 絵画
pendant [前] …の間
penser [他] …だと思う、考える // [自] 考える
perdu, e [形] だめになった、絶望的な
père [男] 父
période [女] 期間、時期、時代
personne [女] 人、人間、人物

petit, e [形] 小さい
peu [副] un peu 少し / peu あまり…ない / un peu de+非可算名詞（物質・抽象名詞）少しの…
peur [女] 恐怖 / avoir peur (de..., que...) …を恐れる
Philippe [固有] フィリップ（男性の名前）
Philippines [固有][女複] フィリピン
photo [女] 写真
physique [女] 物理学
pied [男] 足（足首から下の部分）/ à pied 歩いて
Pierre [固有] ピエール（男性の名前）
plage [女] 浜辺、海岸、海水浴場
plaire [自] (à...) …の気に入る / s'il te plaît (plaît), s'il vous plaît (plaît) どうぞ、すいません、お願いします
plaisir [男] 快楽、楽しみ、喜び
plan [男] （町の）地図
pleurer [自] 泣く
pleuvoir [非人称動詞] 雨が降る
pluie [女] 雨
plus [副] より多く、もっと… / ne ... plus もう…ない
poison [男] 毒
poisson [男] 魚
pomme [女] リンゴ
portable [男] 携帯電話
porte [女] ドア、出入り口
porter [他] 身に付けている、持つ // [代動] se porter / se porter bien 体の調子がいい
possible [形] 可能な / Il est possible que＋接続法 …かもしれない
pot [男] 壺、瓶、植木鉢
potiron [男] カボチャ
pour [前置詞] …に向かって、…のために
pourquoi [疑問副詞] なぜ
pouvoir [他] …することができる
préférer [他] …をより好む
premier, ère [形] 最初の、一番の
prendre [他] 取る、(電車などに) 乗る ; [自] (火が) つく
présentation [女] 紹介、発表
président [男] 大統領、議長
prêter [他] (à...) …に〜を貸す

principal, ale （男性複数 principaux） [形] 主要な、主な
printemps [男] 春
prison [女] 刑務所、懲役
problème [男] 問題
prochain, e [形] 次の
professeur [男] 教師、先生、教授
projet [男] 計画
promenade [女] 散歩
promener [他] 散歩させる // [代動] se promener 散歩する
public, que [形] 公共の、公的な / en public 公衆の面前で
puisque [接続詞] …なのだから
pull [男] セーター（＝pull-over）

Q

quand [接続詞] …する時に // [疑問副詞] いつ
quart [男] 4分の1、15分
que [疑問代名詞] なにを、なに // [関係代名詞] …するところの（先行詞が関係詞節の直接目的補語、属詞となる）// [接続詞] …ということ（名詞節を導く）
Québec [固有][男] ケベック
quel, le [疑問形容詞] どんな、何、(感嘆) なんという
quelque [不定形容詞] いくつかの、何人かの / quelque chose de ... 何か…なもの
question [女] 質問、問題
queue [女] 尾、しっぽ
qui [疑問代名詞] だれが、だれを、だれ // [関係代名詞] …するところの（先行詞が関係詞節の主語となる）
quinze [数形容詞] 15の // [男] 15
quitter [他] 離れる、別れる // [代動] se quitter 別れる
quoi [疑問代名詞] 何を、何 // [関係代名詞]（前置詞に先立たれて）それ、そのこと

R

raconter [他] 語る、話す
radio [女] ラジオ
rail [男] レール
raisonnable [形] 理性のある、分別を備えた、道理にかなった

rapide [形] 速い
rapidement [副] 速く、急いで
ravissant, e [形] うっとりするような、見事な
réaliser [他] 実現する
recevoir [他] 受け取る、迎える
récolte [女] 収穫
recommander [他] 推薦する、勧める、忠告する
reconnaissance [女] 感謝の気持ち、見分けること
redevenir [他]再び…になる
réfléchir [自] よく考える、熟考する
regarder [他] …を見る、…を眺める
région [女] 地方、地域、近郊
regretter [他] 残念に思う
régulier, ère [形] 規則正しい
Reims [固有] ランス（都市名）
rejoindre [他] 合流する、たどり着く
religieux, euse [形] 宗教の
relire [他] 読み返す
rencontrer [他] （人と）出会う
rendre [他] 返す、…にする // [代動] se rendre 行く、…になる
rentrer [自] 戻る、帰宅する
repas [男] 食事
respecter [他] 尊敬する、（ルールを）守る
restaurant [男] レストラン
rester [自] とどまる
résultat [男] 結果
retard [男] 遅刻 / être en retard 遅れている、遅刻している
retour [男] 帰り
retraite [女] 引退、退職、年金
réussir [他] （試験に）合格する、成功する
réveil [男] 目覚まし時計
réveiller [他] 目を覚まさせる // [代動] se réveiller 目を覚ます
revenir [自] 戻る、再び来る
revivre [自] 生き返る、復活する、再現する
revue [女] 雑誌
rhume [男] 風邪
riche [形] 金持の、裕福な
rien [不定代名詞] ne...rien なにも…ない
rivière [女] 川
robe [女] ドレス、ワンピース

roman [男] 小説
rond, e [形] 丸い
rose [女] バラ
roseau（複数形 roseaux）[男] アシ（葦）
rouge [形] 赤い
rouler [自] （車が）走る、転がる
rue [女] 通り

S

sa → son
sac [男] バッグ
saint, e [形] 聖なる
saison [女] 季節
salle [女] 広間、ホール、会場
sans [前置詞] …なしで
santé [女] 健康、体調
Sarah [固有] サラ（女性の名前）
savoir [他] 知る、知っている
se [人称代名詞] （代名動詞の再帰代名詞）自分を、自分に、お互い
sécheresse(sècheresse) [女] 乾燥、日照り、そっけなさ
second, e [形] ２番目の
secrétaire [名] 秘書
sel [男] 塩
semaine [女] 週、1 週間
sérieux, euse [形] まじめな
serrer [他] 締める、縛る // [代動] se serrer 身をすり寄せる / se serrer la main 握手する
service [男] 手助け、世話、サービス / service militaire 兵役
serviette [女] テーブル用ナプキン、タオル、書類かばん
servir [他] （料理・飲物などを）出す、軍務に就く // [代動] se servir（de...）…を使う、（料理を）自分で取る
ses → son
seul, e [形] ただ一つの、ひとりきりの
seulement [副] …だけ、単に
si [接続詞] もし…なら、…かどうか
si [副] （否定の疑問に対して）いいえ
sien, sienne, siens, siennes [所有代名詞] （定冠詞をつけて）彼（彼女）のもの
signal [男] 合図
signe [男] 印、記号

s'il te plaît, s'il vous plaît → plaire
situation [女] 状況、場面
social, e（男性複数 sociaux） [形] 社会の
sœur [女] 姉、妹
soif [女] 渇き / avoir soif のどが渇く
soir [男] 晩、夜
soirée [女] 晩、夜の時間、夜のパーティー
soleil [男] 太陽、日差し
son, sa, ses [所有形容詞] 彼（女）の
sonner [自] 鳴る、呼び鈴を鳴らす
Sophie [固有] ソフィー（女性の名前）
sortir [自] 出る、外出する
soupe [女] スープ
sous [前] …の下に
souvenir [他] (de...) …が思い出される // [代動] se souvenir (de...) …を思い出す、覚えている // [男] 思い出
souvent [副] しばしば
spectacle [男] 公演、光景、ショー
sport [男] スポーツ
stupide [形] 頭の悪い、ばかげた
succès [男] 成功
sucre [男] 砂糖
Suisse [固有] [女] スイス
suite [女] 続き / tout de suite すぐに
suivi, e [形] 長く続いている、持続的な / suivi de … …をともなった
sujet [男] 主題、テーマ、原因、理由
supermarché [男] スーパーマーケット
supporter [他] 耐える、支える、負担する、許容する
sur [前置詞] …の上に、…のうち / donner (sur...) …に面している / compter (sur...) …を当てにする
syllabe [女] 音節
sympa [形] 感じのいい（=sympathique）
symphonie [女] 交響曲
syndicat [男] 組合

T

ta → ton
table [女] テーブル、食卓
tableau（複数形 tableaux） [男] 絵、黒板、掲示板、図表
tailleur [男] 仕立て屋
tant [副] それほど / tant de+無冠詞名詞 それほど多くの
tard [副] 遅く、遅れて
tarte [女] タルト
tasse [女]（取っ手のついた）カップ
taxi [男] タクシー
te [人称代名詞] きみを、きみに
télé [女] テレビ（= télévision）
téléphone [男] 電話
téléphoner [自] 電話をする // [代動] se téléphoner 電話をかけ合う
témoin [男] 証人、目撃者
temps [男] 時、時間、天気、天候 / en même temps 同時に
tennis [男] テニス
tenter [他] 試みる、気をそそる
terminer [他] …を終わらせる、…を終える
terre [女] 地面、床 / Terre 地球
tes → ton
tête [女] 頭、顔つき、表情、先頭
thé [男] 茶、紅茶
théâtre [男] 劇場、演劇
théorie [女] 理論
Thomas [固有] トマ（男性の名前）
tien, tienne, tiens, tiennes [所有代名詞]（定冠詞をつけて）きみのもの
timbre [男] 切手
toi [人称代名詞] きみ、おまえ
toilette [女] 身じたく、化粧、（複数で）トイレ
toit [男] 屋根
tomate [女] トマト
tomber [自] 転ぶ、落ちる、…になる
ton, ta, tes [所有形容詞] きみの、おまえの
tôt [副] 早く
toujours [副] いつも、相変わらず
tout, e（男性複数形 tous） [形] すべての / tout le monde みんな、全員 / tous les jours 毎日 / toute la journée 一日中 // [不定代名詞] すべて、すべての人、すべてのもの
tracas [男] 気苦労、心配
train [男] 列車
tranquille [形] 静かな、穏やかな
travail（複数形 travaux） [男] 仕事、勉強
travailler [自] 働く、勉強する

travers [男] 悪い癖 / au travers de... …を通して、…を横切って、…を介して
très [副] とても
tromper [他] だます // [代動] se tromper (de ...) …を間違える
trop [副] あまりに…、…すぎる
troupe [女] 集団、劇団
trouver [他] 見つける、見いだす、…を…だと思う
tu [人称代名詞] きみは
type [男] 型、タイプ
typique [形] 典型的な

U

un, une [不定冠詞] ある、ひとつの // [数形容詞] １つの // [男] １
université [女] 大学

V

vacance [女] (複数で) 休暇、ヴァカンス
vaisselle [女] 食器 / faire la vaisselle 皿洗いをする
valise [女] スーツケース
vécu, e → vivre の過去分詞
veille [女] 前日
veine [女] 静脈
vélo [男] 自転車
vendre [他] 売る // [代動] se vendre 売れる
vendredi [男] 金曜日
venger [他] …の復讐をする // se venger [代動] 復讐する、仕返しをする
venir [自] 来る / venir de+inf. (近接過去) …したばかり
vent [男] 風
vérité [女] 真実
verre [男] グラス、コップ、一杯の飲み物 (酒)
vers [前置詞] …の方へ、(時間) …の頃に
vert, e [形] 緑の
veste [女] 上着、ジャケット
vêtement [男] (複数で) 服
viande [女] 肉
victoire [女] 勝利
vie [女] 生活、生命、生涯
vieil → vieux

vieille → vieux
vieux, vieille (男性単数第 2 形 vieil, 男性複数形 vieux, 女性複数形 vieilles) [形] 年老いた、古い
vif, vive [形] 鮮やかな
ville [女] 都市、都会、町
vin [男] ワイン
vingt [数形容詞] 20 の // [男] 20
violon [男] バイオリン
visiter [他] (場所・建物を) 訪れる、見物する
vite [副] 速く
vitrine [女] ショーウインドー
vivant, e [形] 生きている、生き生きとした
vivre [自] 生きる、暮らす、生活する
voici これが…だ、ここに…がある (いる)
voilà それ (これ) が…だ、そこ (ここ) に…がある (いる)
voir [他] 見る、見える、(人に) 会う、分かる // [代動] se voir 会う
voisin, e [形] 隣の // [名] 隣人、近所の人
voisinage [男] 近所の人々、近所づきあい
voiture [女] 車
voix [女] 声
vos → votre
votre, vos [所有形容詞] あなた (たち) の
vôtre, vôtres [所有代名詞] (定冠詞をつけて) あなた (たち) のもの
vouloir [他] …がほしい、…したい
vous [人称代名詞] あなた (たち) は、あなた (たち) を、あなた (たち) に、あなた (たち)
voyage [男] 旅行
voyager [自] 旅行する
vrai, e [形] 本当の、真実の

W

week-end [男] 週末

Y

y [中性代名詞] そこに、それに
yeux → œil

2021 年 4 月 10 日
株式会社白水社